中公新書 2095

西條 勉著

『古事記』神話の謎を解く

かくされた裏面

中央公論新社刊

はじめに

神話のわな

本書では、古事記の「神話」を読もうと思う。こういうと、みなさんは少しほっとするかもしれない。古事記という書物は、古典のなかでもけっこう親しまれているらしい。

「古事記なら知ってるさ」

「うん、日本でいちばん古い本だよね」

「たしかオオクニヌシの話なんてのがあったなあ〜」

「当たり。それじゃ、次の質問はどうですか。美穂《みほ》（美保）の岬でオオクニヌシさんが出会う神は？」

「えっ、そんな神さまいたっけ？」

「いましたよ。あら筋はこうです」

いかにも、古事記らしい話だ。

オオクニヌシが出雲《いずも》の美穂の岬にいると、蛾《が》のぬいぐるみを着て、豆殻のような舟に乗りながら、波頭を伝ってやってくる変な神がいた。名前を聞いても答えないので、お供の神たちに尋ねたところ、「皆、知らず」といった。ヒキガエルが出てきて案山子《かかし》なら知っているはずだというので、案山子に聞くと、スクナヒ（ビ）コナであることが分かったという。

これは、とてもユーモラスな話だ。語り口のおもしろさに乗せられて、なるほど、そんな変梃《へんてこ》な神ならだれだって知らないはずだと、ついつい納得させられてしまう。

けれども、ちょっと考えてほしい――スクナヒコナは、それほど無名の神だったのだろうか。この神のことをだれも知らないというのは、いささか腑《ふ》に落ちない。なぜなら、スクナヒコナは、おそらくもっともポピュラーな神だったからだ。

『播磨国風土記《はりまのくにふどき》』や『出雲国風土記』などでは、オオナムチ（のちのオオクニヌシ）・スクナヒコナのコンビが広く活躍する。また、万葉集にもこの神を詠む歌がある。たとえば「大汝《おおなむち》少彦名《すくなひこな》のいましけむ志都《しつ》の石室《いわや》は～」と歌われた「志都の石室」は島根県の大田《おおだ》市にあった。「大汝少彦名の神こそは名付けそめけめ～」といわれた山は、福岡県のあたりにあった。大伴家持《おおとものやかもち》も「大汝少彦名の神代《かみよ》」といったが、それは、けっして文学的な創作ではなかったのだ。

山川の起源や生活様式の始まりを、オオナムチとスクナヒコナで語るのは、古代の人々にとっては馴染《なじ》み深かったはずだ。ところが、古事記ではだれも知らない神になっている。いったい、これはどういうことなのだろうか。

古事記の意図

古事記の「神話」は、当時、民間に広まっていた神話をそのまま書き取っていたわけではない。これが、古事記の原点だ。食いちがいはたまたま生じたズレといったものではない。「皆、知らずと白《もう》しき」という言い方には、民間の神話をわざと否定したい意志がみえ隠れしている。そもそも、オオクニヌシがスクナヒコナのことを知らないというのが不審だ。二神はいつも行動を共にしていたからである。

あらためて古事記・日本書紀（記紀）の神話をみてみると、そこでは、家持が歌った「オオナムチ・スクナヒコナの神代」という考えそのものが否定されていることに気づく。記紀の神話でこれに相当するのは、「イザナキ・イザナミの神代」である。

ところが、イザナキとイザナミの神話が民間からきたという証拠はどこにもない。イザナキとイザナミが国土を生む話は、記紀ではじめて語り出された神話である。たぶん、そんな神話はだれも知らなかっただろう。つまり、伝承的な基盤はなかった。

古事記でスクナヒコナを無名の神にしたのは、イザナキ・イザナミを創成神に仕立て上げるためだった。「皆、知らずと白しき」という言い方には、スクナヒコナを意図的に無名にしようとする書き手の意図が隠されている。オオクニヌシさえも知らないことで、スクナヒコナは、オオナムチとのコンビを解消されてしまった。民間の創成神話はバラバラになったのである。

その結果、スクナヒコナは正真正銘、無名の神になりさがってしまった。そのかわり、イザナキとイザナミは、老若男女を問わず、高い知名度を誇る。書き手の意図は、まんまと成功したわけである。

美穂の岬で、オオクニヌシはスクナヒコナと出会う。この話が、いかにも古事記らしいのは、隠された意図があるからだ。スクナヒコナの話は分かりやすい例である。わたしたちは表側だけ読んでも安心できない。オオクニヌシがらみの話は、とくにそうである。表側のストーリーだけでも結構面白いからだ。

ここから先は本題のほうに回すが、あらかじめ心得ておきたいのは、古事記の神話は意外によく考えぬかれているということだ。少なくとも、幼児向けの絵本にはふさわしくない。

古事記の読み方

本書では、動いている状態、生きていることに目を向ける。カメラアングルでいえば、動的視点で映像を撮るのだ。それに対して、固定的な視点で捉《とら》えられた映像は構造といわれてきた。構造はいくら精密でも、動き自体は捉えられない。

とはいえ、「では、動的視点に立って、読んでみましょう」といったって、ちんぷんかんぷん。「何のことなの?」と聞かれるだけだ。

動的視点で苦労するのは、映像にぶれが生じることである。シャッターが移動するため、対象がゆがんでしまう。動的視点でくっきりした映像を撮りたいなら、固定視点以上に、しっかりと対象を捉えるほかない。

動的視点に立つためには、それまで以上に対象との関係を緊密にする必要があるわけだ。もっと対象に迫って、移動にともなうぶれを防ぐ。対象に食らいつくと、表面の細部が見えてくる。細密になるのだ。しかし、それだけでなく、それらを動かしている仕組みが見えるようになる。

動的視点とは、内部の仕組みを捉えるための方法である。

内部が見えれば、表面はバラバラでかまわない。まとまりのないものが、内部では、ちゃんとつながっている。記紀の神話は、日本書紀が章段ごとに話を区切って資料を集めたように、バラバラになりやすい性格をもっているのに対して、古事記の話には、強い磁力がある。求心力がなければ、すぐに個々の話になってしまう。

アクの強い話を、一本の筋に束ねあげている強い流れは、バラバラに戻りやすい構造を組み合わせて、強いストーリーを作る。時計でいえば、ネジや歯車だ。それらの入り組んだ仕組みが針を動かす。動的視点とは、内部のシステムに迫る一つの仕方なのである。

本書のねらい

古事記の神話は、作られた話であり、裏の意味がある。読みは、表側のストーリーをたどるだけでは終わらない。話の筋だけをたどることなら、幼いころ一度は、やっている。本書では、おなじことをやらないようにする。ストーリーをふり返って、もう一つの神話を発見してみよう。それが、古事記の本当の話なのかもしれないのだ。

『古事記』神話の謎を解く　目次

第Ⅲ章　イザナキ・イザナミ――対立する世界……39

第Ⅳ章　アマテラスとスサノオ――新しい関係……73

第Ⅰ章　「日本」の誕生――声と文字

記紀という言い方

最初にざっと、古事記のことを調べておきたい。古事記の分量は四百字詰め原稿用紙で百五十枚ほどである。それなりの量に聞こえる。しかし、この新書の半分くらいの分量で、しかも上・中・下の三巻に分かれている。一つの巻は五十枚そこそこ。神話は上巻にある。

おなじような内容をもつ書物が日本書紀である。全体のボリュームは三十巻。日本における正式の歴史書の最初に置かれる。神話は一巻と二巻に収められており、あわせて四百字詰め原稿用紙七十枚程度。総体の八分の一くらいである。古事記にくらべると、書紀では神話の扱い方がずっと軽くなっている。

歴代天皇の物語は、古事記が中巻と下巻を費やして、神武《じんむ》天皇から七世紀前半の推古《すいこ》天皇までを描くのに対し、日本書紀は下って八世紀はじめの持統《じとう》天皇の退位まで。しかも、古事記が実質的に説話を語っているのは、推古天皇のかなり前の顕宗《けんそう》天皇あたりまでである。あとは系図と子女の記載だけ。これに対して日本書紀は、古事記が関心をもたないところを重視する。

よく古事記は神話の書、日本書紀は歴史書といわれる。まんざら誤った見方でもないが、二つの書物はたがいに補完し合う関係にある。古事記と日本書紀に描かれる神話を記紀神話というが、これはだいたい古事記に書かれている神話を、日本書紀で補ったものだ。二書にはふしぎな関係がある。別々に扱うよりは、たがいに関連させたほうが利用価値がずっと高いのだ。「記紀」という呼び方には、そんな事情がある。

日本神話の「日本」

本書では、これから「日本」神話ということばが登場する。本書でいう「日本」神話とは、新しく誕生した「日本」という国にふさわしい神話という意味である。この日本列島に古くから伝承されていた神話をいうのではない。

ならば「日本」は、いつできたのか。

近ごろの研究によれば、国号の「日本」は、意外に新しく成立したことが分かってきた。あちこちに前方後円墳を築いた大和《やまと》朝廷の時代、列島で生活していた人々は、中国から「倭《わ》人《じん》」といわれており、それをそのまま国号に使っていた。「倭」国である。推古天皇のころも、まだ「日本」ではなかったらしい。

「倭」が「日本」に変わった時期は、七世紀後半の天武《てんむ》朝といわれている。

中国側の書物である『新唐書《しんとうじょ》』には、「咸亨《かんこう》元年」に倭国が使節を遣わしたことを伝えている。そして「後、稍々《しばしば》夏《か》音《おん》を習い、倭の名を悪《にく》み、更《あらた》めて日本と号す。使者自ら言う、国、日の出ずる所に近し。以《ゆえ》に名《な》と為《な》す」という。「咸亨元年」は唐《とう》の元号で六七〇年。その後に「倭」を「日本」に改めたらしい。

六七二年には壬申《じんしん》の乱が起こり、天武が統治をはじめた。そのころに「日本」が成立したようである。

「倭」は、もともと中国人が辺境の民族を蔑視《べっし》してつけた名だ。背が低くてなよなよしているという意味で、漢字としては、あまりいい意味ではない。これを知った列島の人々は「倭」を嫌い、「日本」という自前の名をつけたようだ。

大宝《たいほう》元年（七〇二）の遣唐使は、そのことを正式に中国に伝えるのも、目的の一つだったのだろう。天武天皇の時代から二十年以上も経《た》っている。その間、遣唐使は一度も派遣されていない。そんな余裕はなかったはずだ。

壬申の乱後、天武・持統・文武《もんむ》と続くが、思い掛けない不幸が、これらの天皇を次から次に襲う。天武は志なかばで死に、その後継者も若くして亡くなり、持統があいだをつないで孫の文武まで皇位を持ってくる。文武天皇の死後、その母である元明《げんめい》天皇のときに、都を平《へい》城京《じょうきょう》に移した。この激動のなかで「日本」が成立した。「日本」の発案者は天武天皇だったが、天武の描いた夢は、二十数年かけてようやく実現したわけである。

同じころ、朝鮮半島も統一された。新羅《しらぎ》王朝が、長らく分裂していた半島を一つにまとめたのである。世界の中心には、巨大な唐帝国が君臨している。

「日本」の意味

「日本」が、天武天皇以降の国の名を指すのは分かった。しかし、肝心のことがはっきりしない。国号「日本」の意味だ。「日の本」は「日下《にちげ》」にひとしく、太陽が昇る神聖な場所という意味である。太陽が昇る東方の海上には大きな桑の木がはえているので「扶桑《ふそう》」ともいう。「方丈」という言い方もある。これらに対して、「日本」はれっきとした中国語だが、日本国を指すのにしか使われない。

では、なぜ、「倭」を「日本」にしたのか。

『新唐書』という中国の史書には「国、日の出ずる所に近し。以《ゆえ》に名と為す」とあった。日本書紀の古い注釈書にも、中国からみて太陽の昇る東側だからという説がある。ところが、明治以降は、太陽信仰の盛んな国だからという考え方が、根強くいわれるようになった。自国を中心にした考え方である。

こうした議論にピリオドを打ったのは、天皇号木簡《もっかん》の発見である。「天皇」の文字が書かれたいちばん古い木簡が、天武天皇時代のものとして発見されたのだ。「日本」が直接書かれた木簡ではないが、しかし、「天皇」と「日本」は表裏一体である。

大和朝廷時代、この国の君主は「大王《だいおう》」と呼ばれていた。中国の史書に出てくる倭の五王の「武《ぶ》」は、王と称している。雄略《ゆうりやく》天皇である。彼は稲荷山《いなりやま》鉄剣銘では「ワカタケル大王」とされている。列島を統治するものは、長らく「大王」と呼ばれてきた。それが天武天皇時代に「天皇」に変わったのである。

天武は「天文《てんもん》・遁甲《とんこう》に能《よ》し（天体現象に詳しく、星占いができた）」といわれた。死んでからつけられた諡《おくりな》「天渟中原瀛真人《あめのぬなはらおきのまひと》」の「真人」は、道教における理想的な宗教者のこととみられている。その最高神が天皇である。

中国で、天皇《てんこう》はもともと北極星を指した。やがて、東方世界の最高支配者をいうようになる。東方とは「扶桑」や「方丈」と呼ばれる海上の神仙世界、つまり、太陽が昇る「日の下」である。そこを治める君主が「天皇」だった。

天皇が統治するのなら、そこは「日の本」でなければならない。道教に詳しい天武はそう考え、「中国で東方海上といっているのは、実は、われわれの国なのだ」と解釈した。

それに、「日本」の国号を称すれば、土着語に由来する「新羅」を名のっている半島の国よりも、優位に立てる。「日本」は国際語だった。

半島を統一した新羅は強国だった。天智《てんじ》のときに大津京《おおつきょう》に遷都し、防人《さきもり》を九州に配備したのも、主として防衛のためだった。流動する国際情勢は、緊迫した事態をもたらす。「倭」が「日本」にならなければならない情勢も、おそらく、日増しに強まっていたであろう。

壬申の乱後

天武は、壬申の乱により甥《おい》の大友《おおとも》皇子を滅ぼして即位する。彼の眼前には、古い世界が瓦《が》礫《れき》のように崩れ去っていた。六七二年の六月から、約一ヵ月続いた戦乱で、大津の都は灰になり、世の中を存続させる価値観が壊れたのである。旧世界の秩序は、もうどこにもなかった。

およそ二十年後、柿本人麻呂《かきのもとのひとまろ》は失われた時代を歌った。「……大宮人の 船待ちかねつ」、つまり、いくら待っても、あの懐かしい時代は戻ってこないのだ、と。痛切な抒情《じょじょう》は、卓越した技巧とあいまって、宮廷人のあいだにまたたくまに広まっていった。

しかし、旧秩序の崩壊は好機到来でもあった。天武の前に修繕すべき古い建築はない。おおかたは、白紙の状態から作り上げていくことができた。その世界を「日本」、その所有者を「天皇」と名づけたのである。

天武の作った「日本―天皇」のシステムは、千三百年後の今日でも機能を続けている。後に造られた奈良の大仏でさえ、完成時の面影はわずかしか残っていないが、こちらは、ほぼそのまま残っている。

在位十年目に、律令《りつりょう》を定める詔が出された。引きつづき、記紀のもとになる書物の編集が始められる。そして即位後十四年目あたりから、いよいよ「八色《やくさ》の姓《かばね》」を制定する作業に着手する。大陸から導入した律令制に、土着的な氏族体制をミックスした「日本」にふさわしい身分秩序である。国号の成立も、天武の在位した十五年間の後半とみられている。

これらに合わせて「日本」の秩序原理をあらわしたのが、記紀の神話、とくに古事記の神話だ。本書でいう「日本」の神話というのは、その意味である。

宣命体の発見

それでは古事記はどのようにして成立したのだろうか。序文によると、元明天皇の和銅《わどう》五年(七一二)一月二十八日にできた。稗田阿礼《ひえだのあれ》が訓読していた資料を、太安万侶《おおのやすまろ》が編集したという。ただし、原資料は、天武時代にできあがっていた。だから、文字遣いは天武朝のスタイルである。安万侶はそれを、だれでも読めるようにした。彼は創作家ではなく、編集者である。

今みる原文には、あちこちに読み方の注がついている。これは安万侶の仕事だ。阿礼から聞いて原資料を解読した安万侶は、読みにくいところに注をつけた。資料尊重で臨み、原文を勝手に書き変えなかったのである。訓読しにくいと判断したところにだけ、注をほどこした。読み方は、阿礼から聞いて知っている。

それが、安万侶の主な作業内容である。元明天皇から命令があったのは、前年の九月十八日なので、半年弱でできあがっている。あいだに正月をはさんだり、役人としての勤務もあったことなどを考慮すると、正味の作業時間は半分くらいか。小さな書物とはいえ、短期間の作業だ。編集が終わると、安万侶は、文書で天皇に報告した。序文といわれる文章である。このとき、本体も奏上されたことは、当然、考えられる。

和銅三年に平城京に遷都し、日本国がいよいよ始動する。古事記が奏上されたのはそのおよそ一年後。おりしも「日本」の象徴である宮都が建設される最中である。日本国の完成に間に合うように、神話の作成が急がれた。

天武朝から安万侶の時代まで、約四十年ある。この間、日本語にも重大なことが生じていた。宣命書《せんみょうが》きの定着である。人麻呂が活躍する持統朝には、宣命体《せんみょうたい》の初期のかたちが成立していた。

天皇の詔勅の文章は、宣命といわれた。宣命体は自立語を、漢字の意味をそのまま利用して書き、付属語を漢字の音を利用して記す書法。ヤマトことばでも読める宣命書きには、付属語に音を使っている漢字を大きく書く「宣命大書き体」、音を小さく書く「宣命小書き体」があった。

丈夫《もののふ》之｜鞆《とも》乃音為《おとす》奈利｜物部《もののふ》乃｜大臣《おおまえつきみ》　楯《たて》立《たつ》良思母｜（万葉集　一・七六　和銅元年戊申天皇御製。「鞆の音がする。大臣たちが楯をたてているらしい」）

関《かけまくも》母威《かしこき》岐藤原宮御宇倭根子天皇、丁酉八月爾、此食国天下之業《わざを》乎、日並所知皇太子之嫡子、今御宇豆留天皇爾《いまあめのしたしらしつるてんのうに》授賜而〜（続日本紀《しょくにほんぎ》　第三詔「口に出すのもはばかれる藤原の地で天下を統治なさった持統十一年八月に、天下の政治を、日並皇子の後継者である文武天皇に授けなさって〜」）

現在でも、「山《やま》の音《おと》」といった具合に、おなじ原理で日本語は書かれている。そのくらい画期的な文字法だった。

古事記の文字法

ところが、古事記は宣命体以前の文字遣いで書かれている。たとえば、出だしのあたりに、次のような文がある。

国稚《わか》く浮きし脂《あぶら》の如《ごと》くして、久羅下那州多陀用弊流之時《くらげなすただよえるとき》、葦牙《あしかび》の如く萌《も》え騰《あが》る物によりて成《な》れる神の名は……

(国土が固まらず油のようにぷかぷか浮かんでいるときに、葦が勢いよく芽吹くようにしてあらわれた神は……)

ここでは、たとえば「久羅下那州多陀用弊流」は、万葉仮名のように音でヤマトことばをそのまま写している。かと思えば「如葦牙」「因萌騰之物」などは、漢文風に書かれている。音と訓を使い分けて、なんとかヤマトことばを文字化しようとしている。工夫は、バラエティーに富んでいる。たとえば「於」の用法。漢文では、場所を示す補助語で「登於山」(山に登る)のように使う。

ところが古事記では、「……ニ」という文なら、おかまいなく自由に利用される。漢文訓読の仕方に合わせて返読すると、それなりに、ヤマトことばの文章になる。たとえば、次のように。

①於後手《うしろでに》、布伎都々。
②於勝佐備《かちさびに》、離天照大御神之営田之阿。

①は「後手に、ふきつつ（振り返らずに、手を後ろに回して、剣を振りながら）」、②は「勝ちさびに、天照大御神の営田《つくりた》の阿《あ》を離《はな》ち（勝った勢いで、アマテラスの作った田圃《たんぼ》の畔《あぜ》を壊し）」と訓読する。

古事記の文字遣いは、漢文風に返読したり、和語の語順に漢字が並んでいたり、音のかたちを示していたり、訓で書かれていたりして一貫した決まりがない。一見、無秩序そのもの。

そのかわり、いろいろな書法がある。そのなかの一つとして宣命体があるのだ。しかし、はっきりそれと断定できるのは、わずか三例しかない。

①為如此登詔難直（此《か》く為《し》つらめと詔《の》り直せど）
②布刀御幣登取持而（ふとみてぐらと取り持ちて）

③五伴緒矣支加而（五つ伴《とも》の緒《お》を支《わか》ち加へて）

その三例がここにあげたケースである。付属語の「……ト・ヲ」が音、自立語の名詞は訓で書かれている。だから、いちおう宣命体にはなっているが、しかしこれしかない。自覚して用いたというより、いろいろな書き方の一つとして、たまたま使われたにすぎない。「……ニ」も宣命体で「其石爾」とか「後手丹」「勝佐備仁」などと書くほうが合理的なのに、そうはなっていない。まだ「うしろで・に」「かちさび・に」といった切り方に気づいていないわけである。このような切り方ができなければ、宣命体は自覚的に書けないのだ。

奈良時代の安万侶は、宣命体で書くことを自覚していた。人麻呂の時代でさえ、宣命体は知られており、現に彼の歌はそのような書法を基本にしている。しかし、古事記にはわずかに数例しかない。おまけに、次のような書き方もみえる。

①自我手俣久岐斯子也（我が手の俣《また》よりくきし子なり）
②於葦原中国所有宇都志伎青人草（葦原中国《あしはらのなかつくに》に有らゆるうつしき青人草《あおひとくさ》）

これらは「く（漏）きし」「うつ（現）しき」が、ひとまとまりで捉えられている。だから、ひっくるめて音表記されているのである。このような区切り方では、宣命体は生まれない。「くき・し」「うつし・き」と区切ることができて、はじめて、和語らしい合理的な文字法が可能となるのである。

このように、古事記は宣命体以前の文字遣いで書かれている。古い文字法だ。だから安万侶は、書物として古事記を世に出すとき、だれでも読めるようにルビをつけなければならなかった。古事記の古い書き方は、原資料が天武朝に作られた証拠である。

文字の時代

日本書紀も「日本」の神話を載せる。だから両方あわせて「記紀神話」というのだが、しかし、形式の面では水と油にひとしい。辺境の土着語で書かれている古事記に対して、日本書紀は堂々とした中国語だ。

漢文で書かれていることは、中国語で書かれていることを意味する。土着の神話や伝説が中国語に翻訳されているのだ。「日本」が国際社会で意味をもつ名前なら、当然、歴史書も国際的に通用するものでなければならない。日本書紀は、そのような書物だった。しかし、古事記はちがうようだ。

古事記は奇妙な書物である。日本書紀と同じようなものなのに、なぜ作られたのか。だいいち、できたあと、だれが読んだのか。日本書紀は、完成早々、役人の必読書となったことがはっきりしている。しかし、古事記は不明。『源氏物語』などで神話が引かれるときも、日本書紀がほとんどである。古事記から引いたと思われる箇所は一つもない。

そもそも、この書は土着のヤマトことばで書かれていて、漢字で書かれているからといって、それを中国語とはとてもいえない。内容は「日本」にふさわしくリニューアルされていながら、それを表現する言語は古めかしいヤマトことばと考えるのも、いささか釈然としない。

見方を変えてみよう。古事記のことばは、文字言語である。土着語かどうかは問題外。もともと、言語は声のことばで、肉声だった。声のことばは、やがて、文字のことばになる。土着語が、文字に書かれた。それが、古事記のことばである。つまり、古事記のことばは、もう肉声ではないのだ。

列島のことばが漢字と出会ったのは早く、すでに、「倭の五王」の一人である「武」は堂々とした挨拶文《あいさつぶん》を書いている。国内からも、同王に関する銘文が見つかっている。けれども、列島が声の社会から文字の社会に、全面的に変わったのは、壬申の乱後だった。

それまで、社会の土台は、もともと声だった。コミュニケーションは肉声であり、情報も、声で伝えるのが主流だった。

文字は使われたとしても、まだ非日常的、儀礼的で、魔力的な力をもった。文字は思考と感情表現において、ともに声をはるかにしのいでいる。それに、伝達力にも勝《すぐ》れている。天武が打ち出す新しい政治も、文字に依拠していた。

「日本―天皇」のシステムは、文字によってはじめて滑らかに動く装置だった。都へ向かう道は整備され、膨大な情報を運ぶ。情報を伝えるのは文字である。文字は特別なものでなく、日々の生活に不可欠な道具の一つになる。歌も文字で作られ、紙に書いて披露されるようになる。文字の時代がやってきたのだ。

書くこと

古事記の神話の特徴は、書かれた神話であることだ。文字化には、二つポイントがあって、一つは文字化自体。もう一つは、ヤマトことばを文字化すること。

一つ目の問題は、わが国だけに当てはまるものではない。表音文字、表意文字の別にかぎらず、広く文字言語すべてに当てはまる。文字化は、ひと言でいえば、間接化することである。声を身体から引きはがし、ことばを身体の外部にもち出す。

ことばとはもともと肉声だった。肉声のとき、ことばは身体から離れない。ことばは身体と密着している。これを自分の外に出すわけである。文字化することの、もっとも大きなはたらきであり、間接化である。

もし文字をもたないなら、わたしたちが活動できる範囲はずっとずっとせまく、声の届くところ、記憶の残る範囲でしか、わたしたちは生きられない。ところが、文字をもつと、声の届かない仲間ともコミュニケーションできるし、記憶の限界だって超えられる。

文字は空間を超え、時間を超える。わたしたちの生活する世界を広げるのだ。そればかりではない。考えていることが頭のなかから引きはなされて、多くの人々と共有できるようになる。書くことは個々人の思考を変化させ、やがて、集団の意識にも変化をもたらすようになる。

書くことは、無限の可能性をはらむ行為である。「日本」という国家は、文字を駆使する新しい情報システムを作り上げた。律令も歴史書も八色の姓も、文字なしにはありえなかったのだ。

漢字で－和語を－書く

書くことに関する二つ目のポイントは、ヤマトことばの文字化だった。これは漢字の特性とかかわるから、むやみに、一般化できない。漢字は、ふつう表意文字といわれ、中国語を書くのにふさわしく、一字で一語になっている。ところがヤマトことばは、これとはちがう言語である。

たとえば、弓矢を楽器に使うようなもの。目的が別なので、使いこなすには工夫が必要である。「漢字で―和語を―書く」は、対立する二つのことを、一つであらわしている。「漢字で書く」と「和語を書く」ことだ。しかし、「漢字で書く」とは中国語に翻訳すること、「和語を書く」とは土着語を文字化することだから、まともに対立する。

この矛盾をいっぺんに行ってしまうのが、「漢字で―和語を―書く」という工夫である。そんな無茶《むちゃ》は、ふつうしない。しかし、土着語を文字化したいという熱意が、不可能を可能にした。漢字の表意性を巧みに生かして、土着の言語を文字化したのである。主な工夫は三つある。

①漢字の音と訓を分離する。
②訓に和語を宛てて読む。
③和語の語形を音で示す。

訓は意味のことで、字義や字訓ともいう。もともと漢字は、視覚で中国語の意味をあらわす。中国語の仕組みにぴったり合っている。だから①は中国人はしない。仏典などで原語をそのまま書きとるときに例外的に行われただけである。

②は「訓読み」で、今は日本人しか使わない仕方。字義に土着語を宛てることは、お隣の韓国でも行われていない。「海」は韓国語で「パダ」というが、韓国で「海」を「パダ」と訓読みすることはない。

③の「音読み」は、たまに中国でも行われた。ただし、音と意味を構造的に分離したうえで、音だけを利用するのは日本のお家芸だ。

わたしたちは何の抵抗もなく「真理子《まりこ》」「幸枝《さちえ》」などと書く。しかし、「シンリシ」「コウシ」が「まりこ」「さちえ」になる理由を、中国人が理解するのには時間がかかる。わが国は千年以上かけて、この方法で漢字をヤマトことばに馴染ませてきた。今では、根深い文化になっているのだ。

中国人や台湾人など、漢字を母国語の文字にする人々にとって、日本人の漢字の使い方はまったくミラクル。悪くいえばデタラメである。ただし、お手本は百済《くだら》など、朝鮮半島の国にあったと思われる。

日本語の成立

「日本語」も、半分は「日本」神話と事情が似ている。弥生《やよい》、ひょっとして縄文《じょうもん》以来のことばを「日本語」というのではない。列島で古くから使われていたのは「ヤマトことば」である。しかし「ヤマトことば＝日本語」ではないのだ。

では「日本語」とは何か。

文字言語に置きかえられるのが「日本語」だ。文字に書かれ、客体化されたヤマトことばである。声だけのヤマトことばは「日本語」ではないのだ。

もちろん、文字との出会いは古くさかのぼる。しかし、文字が、社会の仕組みを支える土台になるのは、天武の新しい体制が始まってからだった。

日本国と日本語は両輪である。国家と言語。天武は新しい国作りにあたって、文字というシステムを政治と文化の面で大いに活用した。行政上の情報を文字で処理し、宮廷の飾り付けを文字でふくらませる。芸能は文学になり、寺社や宮殿の装飾画は祭祀《さいし》から離れて芸術になった。

儀礼から宴が分離する。宴が自立すると、文学や芸術を生む場となる。背後にあるのが、文字言語による意識と思考の変質である。声だけの言語だったヤマトことばは、文字言語になって意味を変えた。たとえば「モユ」。このことばは、前に引用したように古事記のはじめに出てくる。

久羅下那州多陀用弊流《くらげなすただよえる》之時、（流字以上十字以音）如葦牙因萌騰《あしかびのごとくもえあがる》之物而成神名、宇摩志《うまし》阿斯訶備比古遅《あしかびひこじ》神。

原文では「モエアガル」を「萌騰」と書いている。モエアガルの「モエ」に「萌」が宛てられている。それで、新芽が勢いよく吹き出すさまをあらわした。「燃」の「モユ」も炎が激しく吹き出すことをいう。「激しく吹き出す」ことではおなじだ。これがヤマトことばとしての意味である。「燃ゆ」も「萌ゆ」もおなじ語なのだ。

区別が生じたのは、漢字と出会ってからだ。炎が出ることは「燃」、芽吹くことは「萌」が宛てられた。漢字では別語だから「燃える」と「萌える」は、もともとちがった語に見えるのだ。

このばあい「モユ」は声のヤマトことば、「燃ゆ」と「萌ゆ」は文字言語としての日本語である。ヤマトことばは、声の届く範囲でしか成り立たない。一方、文字に書かれる日本語は、広い世界で使える文字言語。万葉集や古事記は文字言語としての「日本語」が生み出したものなのだ。

本書にいう日本神話は、新しく誕生した「日本」にふさわしい神話という意味である。旧世界の神話は、破棄されるわけではなく、新しい秩序に合わせて書きかえられる。古い神話は、新しい体系に焼き直されるのである。

解体と編成は、同時に行われる。改編というよりも、解編されるのだ。つまり解体が編成であり、編成が解体でもあるのだ。

解編のゆがみやきしみは、古い神話の変形として、取り出すことができる。それが「日本」神話の読み方である。

「日本」神話は、文字言語で書かれた。文字面《づら》で語られるストーリーの裏側に、声で語られるもう一つの「日本」がある。以下の章で、その実際を見ていこう。

第Ⅱ章　ムスヒ――生命

ストーリー性に富む

天武天皇のときに誕生した日本国、それにふさわしい神話。それが古事記・上巻の神話である。目立った特徴は、一続きの物語になっていること。四百字詰め原稿用紙で五十枚そこそこだが、一つながりの話としては、かなりの分量になる。

ギリシャ神話なども、大きなストーリーを成している。中国は儒教が広まったので、神話はあまり残っていないが、韓国や東南アジア諸国の神話とくらべても、日本神話はむしろギリシャ的だ。

しかし、それは偶然である。

ギリシャ神話は、無文字の時代から民衆のあいだに広まっていた。有名なホメロスも口承時代の人といわれている。後にヘシオドスやアポロドロスなどが、口承で広がっていた神話を集め、天地創造から人間の起源、神々と英雄の話などに整えた。ローマ時代には、オウィディウスが『変身物語』を書いて、神話をいっそう文芸化する。彼らの手を経て、ギリシャ神話は一続きの物語になった。

神話のみなもとは、無文字の口承時代にある。この時代には、天地創造なら天地創造、死の起源なら死の起源というように、神話は小さなテーマごとに語られていた。そのほうが口承のかたちに合っているからだ。いろいろな要素と結びつきやすく、多くの話ができやすい。

つまり、筋のある神話は、ギリシャ神話であろうがなかろうが、二次的なかたちとみていい。それは神話というよりも、文芸作品である。ホメロスはともかく、ヘシオドスやアポロドロス、オウィディウスといった人は知識人だった。民間の神話を採集してアレンジし、二次的に神話を整えた。

日本神話もおなじことがいえる。日本神話とギリシャ神話が本当に似ているのは、どちらも、二次的な編纂《へんさん》物であることだ。

一続きに撚《よ》りあわされた筋。そのストーリーで「日本」神話は、語られている。

しかし、小さいころ目にした絵本のように、一話ごとにバラバラに筋が完結しているほうが、かえって神話らしい。民間の神話を採集すれば、昔話のように、短い話の寄せ集めになるだろう。現に古事記より少し遅れて成立した風土記がそうである。たとえば『出雲国風土記』では、国引き神話、スクナヒコナ神話、荒ぶる神の話など、だいたいテーマごとに伝承されている。

日本神話のストーリー

そこであらためて、古事記の神話のストーリーに注目してみよう。神名などをめやすにして、大きく筋の流れを区切ってテーマを示してみると、次のようになる。

一段目、ムスヒ——天地初発
二段目、イザナキ・イザナミ——国生み
三段目、アマテラス・スサノオ——世界の分治
四段目、オオクニヌシ——王の誕生
五段目、タケミカズチ——地上世界の平定・国譲り
六段目、ホノニニギ——天孫降臨
七段目、ヒコホホデミ——地上の支配
八段目、カムヤマトイワレビコ——初代天皇

このように、「日本」神話は八つの部分に分けられる。活躍する神々は、イザナキ・イザナミからアマテラス・スサノオ、オオクニヌシ・ホノニニギ、ヒコホホデミに変化する。話の舞台も「高天の原《たかまのはら》」や「葦原の中つ国《あしはらのなかつくに》」、それに「黄泉の国《よみのくに》」「根の堅州国《ねのかたすくに》」「海神の宮《わたつみのみや》」などに、めまぐるしく移り変わる。これらのある場所は「出雲」・「日向《ひむか》」と呼ばれることがあり、「常世《とこよ》の国」もある。

一見すると複雑である。しかし話の流れには、きちんと順番がある。それぞれの段は、因果関係でつなげられていて、テーマをもっている。それが原因となって次に進む。時間的な流れをもっぱらとするストーリーが、因果関係で構成されている。プロット的ともいえる。天地初発から始まり、人格神の起源、国土の生成、世界の分治。そして、地上世界では王が誕生し、次に天上世界に起源をもつ王権の由来が語られ、地上に降《くだ》ってくる。国土の生成があって、そこを治めることが行われる。

全体として、次から次へと展開し、宇宙の開闢《かいびゃく》から初代天皇の登場までが、必然性をもって語られる。古事記の話には、民間説話には見られない一貫性がある。

ストーリーは、よくみればこれらの出来事の理由づけになっている。ストーリー性というのは、そこが肝心であるらしい。語られる内容と合わせて、語る目的も重要なのである。そのような、いわばストーリーのためのストーリーは、それまでの民間の神話には、存在しない筋書きだった。古事記のストーリーは、伝承的な経緯がなく、おおかたは、机上で作られた話である。

構成のかなめは、六段目の天孫降臨。これが、話のピークになる。天上界の神ホノニニギが地上に降りていく場面だ。ところが地上には、オオクニヌシという先住者がいた。下界はオオクニヌシによって作られるが、そのまま、地上に繁栄しつづけるのではない。天上から降りてくるホノニニギが、地上世界に王権を移す。話の舞台は次々に移り、逆転劇もある。単純な話ではなさそうだ。「日本」神話のストーリーには、もう一つ別の映像が隠されている。

プロットの根源

神話は、もともと口で話されたものである。けれども、それは、内容とは別のことをも表現している。話されるものでありながら、何かを話す装置でもある。この両面性が、ストーリーの特徴である。

ストーリーの裏に、もう一つ別のストーリーがある。いわば、地下室があるのだ。

プロットをさかのぼると、どうしても、それ以上はさかのぼれない究極の原因に行き当たる。神話のばあい、それはこの世の誕生だ。「なぜなら……」を逆にたどると、「宇宙のはじまり」に行き着く。この世のはじまりである。プロット的にいえば、あらゆる原因、すべてを含んだ極限のストーリーということになる。古事記の神話では、それは「天地初発」といわれている。すべては、そこから始まる。

天地初発のとき

「日本」の神話は、「天地初発」から始まる。この出だしを、どうイメージするか。科学でいえば、百四十億年前の宇宙の起源に当たる。時間でさかのぼれる究極だ。すべての現象が始まるとき、それが「天地初発」のときである。すべてが、そこから始まり、すべてを可能性のうちに含んでいる。

神話では「天地開闢」という言い方がある。「天」と「地」が、広大な扉のように開くイメージだ。「天」と「地」に、動的なイメージを含ませた表現である。

ところが、古事記では「天地初発」となっている。

「初発」の「発」はオコルと訓読する。ある現象が始まることをいう。「天地初発」はさまざまに訓読されてきたが、「アメツチ、ハジメテ、オコリシトキニ」と訓読するしかない。

たとえば、後の神話に「万《よろず》の妖《わざわい》、悉《ことごと》に発《おこ》りき」とある。「あらゆる災いが一気に起こりはじめた」の意味である。まず天と地が開いて、この世が始まったといっているのではない。

古事記では、あらかじめ「天」も「地」も存在するのだ。ただ、時間が始まっていないだけである。だから、動きのイメージがない。「天地初発」の「天」も「地」も、動かないのである。

今まで止まっていた機械に、いきなりスイッチが入るようなものだ。凍りついたように止まっていた「天」と「地」が動き出して、ストーリーが動きはじめるのである。

アメツチは、もともと、和語にはなかった抽象的な観念だ。「天」と「地」の二語で、宇宙のすべてを代表させた。「天地」が始まるとは、それまで動かなかった宇宙が、動き出すことだ。

動きは、時間そのものである。「時間とは、何か?」と問われたら、「動き」と答えるのが簡単で明瞭《めいりょう》だ。概念で考えるのではなく、イメージで考えるのである。つまり、イメージを思い浮かべる。「日本」の神話では、止まっていたすべての宇宙が動きはじめた。それが冒頭部のイメージである。

ムスヒのイメージ

この世のはじめのときは、世界は、すべてが高天の原と呼ばれる天上世界だった。そこに最初にあらわれたのは「天《あめ》の御《み》中主《なかぬし》の神」。この神は、名前のごとく、宇宙の中心を定めた神である。

アメノミナカヌシの出現とともに、宇宙が中心を定め、動きのある世界が開始する。おおもとの原因が動き出そうとしている。そのときに、世界で何が起こったのか。

これについては、古今東西、諸説がある。

聖書には、「はじめに言葉ありき」という一節があるし、中国の五行説《ごぎょう》では、木《もく》・火《か》・土《ど》・金《ごん》・水《すい》で宇宙の全物質を説明する。あるいは、万物の根源は水である、いや、最初にあったのは混沌《こんとん》だともいう。陰陽《いんよう》思想によれば、陰気と陽気で世界が生み出されるのだし、ギリシャの神話では、霧のようなカオスが宇宙のはじまりらしい。

さて、「日本」神話ではどうか。アメノミナカヌシの次にあらわれるのは、タカミムスヒとカムムスヒである。アメノミナカヌシは、宇宙の真ん中を示しただけの幾何学的な神だったが、ムスヒの二神には意味がある。

「ムス」は育つ・生《は》えるなど、生命の活動が行われていることをいう。命の力であり、生命現象そのもの。「ヒ」には「霊」の字が宛てられる。神秘的で超自然な力をいう。ムス・ヒは生命の神霊だ。この世の最初に生命があらわれたというのが、「日本」の神話のはじまりのイメージである。

その主張がつかめれば、なぜ、天地のはじまりが「動き」だったか、納得できるはずだ。

生命とは、動きそのものだからである。動かないものには命がない。動きがないものは、死んでいる物体である。

宇宙は、生命で満ちあふれている。これが「日本」神話の立場だ。今、地球上のわたしたちに必要なイメージではないか。古事記では千年以上も前に、生命を宇宙の根源とする見方を出していた。ムスヒのヒは、生命の力が無限大であることを示す。力は、空気のように目に見えないエネルギーそのもの。目に見えないが、充満しているのだ。

古事記の冒頭部には、アメノミナカヌシ以降の七神について、いずれも「独神《ひとりがみ》と成りまして、身を隠したまひき」という。このふしぎなくり返し《リフレイン》「独神と成りまして、身を隠したまひき」は、宇宙のはじまりにあらわれた神霊が、エネルギーだったことをいっている。ただのエネルギーだから、目に見えないのである。

「初発」のエネルギーは、すみやかに活動を始める。ムスヒ二神の次に登場するのがウマシアシカビヒコジで、肝心なのは「アシカビ」だ。「カビ」は芽のことで、生命活動の象徴だ。葦は、西洋ではひ弱さのたとえだが、日本では生命活動のシンボルである。

そのうえ葦はイネ科の植物だから、稲と生態が似ている。灌漑《かんがい》設備などを必要とする稲作は手間のかかる仕事だ。すぐ田圃になる湿地の葦原は、古くから人々の集まる目印だった。「アシカビ」は葦が勢いよく成長する様子を示している。この神名は、生命の活動に対する讃美《さんび》なのである。

永遠の生命

次に、天《あめ》の常立《とこたち》の神があらわれる。この神は、次に登場する国《くに》の常立の神とペアになる。「天」「国」は序列をあらわし、アメノミナカヌシから天の常立の神までの「別天つ神《ことあまつかみ》」の部類に「天の常立の神」をもっていき、国の常立の神からイザナキ・イザナミに至る「神世七代《かむよななよ》」段に「国の常立の神」を振り分けた。どちらも「トコタチ」の神である。

トコタチの「トコ」は「床」で、空間的にも時間的にも変わらず、がっちりしていることを意味する。「タツ」は「立」よりも、「顕」のほうが和語としては、もともとの意味に近い。噂がたつの類《たぐい》で、あらわれるという意味だ。

「トコ・タチ」は、永遠不動のものがあらわれることである。この神名の神を、アシカビの次にもってきたのは、生命活動が永久に続くことが祈願されているからである。この宇宙は、生命に満ちた奇跡の天体である。しかし、生命の活動があっという間に終わってしまったら、すぐに、また動きのない世界になってしまう。

トコタチの神は、ムスヒ・アシカビと並んで、それらと三位一体《さんみいったい》になって、宇宙の始発に、どうしてもあらわれなければならない神だった。「オコル↓ムスヒ↓アシカビ↓トコタチ」

を貫いているのは「生命」の活動だ。あらゆるものの根源に生命活動を置くのが、「日本」的な思考なのである。

はじまりのプロットは、考えぬかれたかたちになるのが当然だ。出だしは、後々のストーリーの原因でなければならないからだ。

日本書紀の開闢神話

いっぽう、中国語に翻訳された神話は、どうなっているのだろうか。日本書紀の冒頭をみると「高天の原」ということばはない。かわりに、天地が開闢する前のことが書かれている。中国ではやった宇宙生成の説だ。

宇宙生成説は、天と地のでき方をいうもので、陰陽未分化のときに混沌があり、それが凝り固まって天と地に分離したこと、そして、天地が開闢して、神々が出現したことが述べられている。はじめに宇宙生成を語るところなど、日本書紀はいかにも中国向けである。

天地開闢の後にまずあらわれたのは、「国の常立の神」だった。この神は「純男《ひたお》」だったという。目に見えず、エネルギーだけの状態だったといえる。しかし、ムスヒの神はいない。

日本書紀では、宇宙を作り上げる原理が、陰と陽で説明される。壮大なスケールだが、生命を宇宙の原理にするような考えは見られない。

表① 記紀の冒頭神

日本書紀	本文	クニノトコタチ　クニノサヅチ　トヨクムヌ
	一書第一	クニノトコタチ　クニノサヅチ　トヨクニヌシ
	〃第二	ウマシアシカビヒコジ　クニノトコタチ　クニノサヅチ
	〃第三	ウマシアシカビヒコジ　クニノソコタチ
	〃第四	クニノトコタチ　クニノサヅチ
		(又曰く　アメノミナカヌシ　タカミムスヒ　カムミムスヒ)
	〃第五	クニノトコタチ
	〃第六	アメノトコタチ
古事記		アメノミナカヌシ　タカミムスヒ　カムムスヒ　ウマシアシカビヒコジ
		アメノトコタチ

そのうえ、日本書紀は話の流れを区切り、段ごとにいくつか「一書《あるふみ》」をあげて、複数の資料を並記する。これは、古事記には見られない特色だ。日本書紀では神話が、古事記とは別の基準で扱われている。

たとえば、冒頭部をみると、書紀では六つもの異伝がある。そのなかに一つだけ、古事記に似た資料がある。しかし、特別扱いされることもなく、編者が生命活動を重視した様子は一切見られない。生命力を宇宙の原理とする古事記の神話は、当時でも珍しい考え方だったのだろう。

「日本」神話の主張

日本書紀の数種の異伝では、はじめにあらわれるのは「国の常立の神」がいちばん多いようである。神名にも、クニが単独で使われている。国土の永遠性を讃美した素朴な、はじまりのプロットである。

古事記と日本書紀はともに、トコタチ以前を思案した。日本書紀の本書は、中国の陰陽思想を借りて宇宙生成説を作り、古事記は土着の神話をふくらませて、新たに生命という宇宙の原理を考えた。ここでは、次の二点が古事記のもとになっている。一点は、民間にムスヒの信仰が古くからあったということ。二点目は、古くからクニノトコタチが単独で根源神だったことだ。

氏族の由来を記した『新撰姓氏録《しんせんしょうじろく》』をみると、タカミムスヒやカムムスヒに先祖を求める氏族が圧倒的に多い。二神は各地の神社に祭られていて、人々の信仰の対象になっていた。二つ目のことがらは、「アメ」と「クニ」を対にすることが、新しく起こった流儀だということ。書紀に、アメと無関係に単独であらわれるクニは、トコタチ信仰の古い姿と思われる。「クニノトコタチ」は、国土の土台が永遠に続くのにふさわしい映像である。

古事記は、最初に、天地が動き出したことをいい、それが個々の動きではなく、動くことそれ自体が「天地初発」だったとする。「アメツチ、ハジメテ、オコリシトキ」とは、あらゆるものごとが始まるおおもとのときである。

それは新しい神話だった。どこにもない独自性がある。アジアの端っこで、中国に寄り添いながらではあるが、気宇壮大な発想が産声をあげた。

新しい関係

問題は、独自性の中身である。古くから民間で信仰されてきた要素が、そのまま使われるのではない。焼き直されるのである。新しい価値観のなかに、古い秩序を流し込む。無理に押し込んだときのゆがみが、物語になってあらわれたのだ。

ゆがみを生じさせるおおもとは、「初発」である。天地の動きを一度止め、あらためて宇宙を再スタートさせる。それが「初発」である。「アメ」も「ムスヒ」も、それだけで取り出せば、みな古い要素ばかり。それが新しくなるのは、アメはクニと、タカミムスヒはカムムスヒとセットになったときである。「アメ―クニ」「タカミムスヒ―カムムスヒ」という関係が新しいのである。

「オコル→ムスヒ→トコタチ」の流れは、テーマ的に言い換えると「始まる→生命→永遠」となる。永遠の生命が始まることである。新しいストーリーのはじめである。

神話の出だしを「別天《ことあま》つ神」としたのは、五神でその新しい宇宙の物語を語り出そうとしているからだ。中心は生命である。生命が宇宙となる。生命現象は、あらゆる原因であり、すべてがそこから始まる。ムスヒ、つまり、生命力があらわれなければ、何も起こらなかった。

アメノミナカヌシ
タカミムスヒ・カムムスヒ
アシカビ
トコタチ

これら五神の「別天つ神」を、あらためて並べてみると、背後に思考のはたらきを思わざるをえない。「日本」の神話は、ただ民間に流布する神話を寄せ集め、適当に按配《あんばい》して編集されたものではない。それは、考えぬかれた知の産物なのである。

第Ⅲ章　イザナキ・イザナミ——対立する世界

世界創成

古事記冒頭の「別天《ことあま》つ神」が宇宙創造ならば、次の「神代《かむよ》七世《ななよ》」は世界創成である。宇宙創造は太陽系を覆う想像力をはたらかせなければならない。しかし、世界創成は、わたしたちの住むこの地球をイメージすればよいだろう。主役は人間のかたちをした神々、人格神である。

「別天つ神」は目に見えない神だった。ムスヒと呼ばれる生命現象であり、目に見えないエネルギーである。

それを古事記では、「身を隠したまひき」といった。この状態は「神代七世」に入って、クニノトコタチと次のトヨクモノまで続く。トヨクモノの次にウヒジニ・スヒジニがあらわれる。すると「身を隠したまひき」という言い方が消えて、以下、男女ペア神となる。それから数組のペアの後に、イザナキとイザナミがあらわれるという流れになっている。

神の数は「別天つ神」五神、「神代七世」十二神、合計十七神の系譜。世界の創成が、段階的に示される。底に流れているのは、はじめにあった生命力である。終わりに出現するイザナキ・イザナミのペアは、生命活動の象徴である人間のかたちをした男神・女神。

トコタチで、生命活動の永遠さを誉《ほ》めた後にあらわれるのは、トヨクモノの神。このあたりから世界が形を成していく。男女がペアとなり、姿形が目に見えるようになるのだ。

原文には、ペアで一代に数えるよう指示があって、全七代は次のようになる。③以下は、傍線で示した男女共通語が神の実体である。

①クニノトコタチ　大地
②トヨクモノ　雲・野原
③ウヒジニ・妹スヒジニ　泥《ひじ》
④ツノグイ・妹イクグイ　杭《くい》
⑤オオトノジ・妹オオトノベ　場所→性器
⑥オモダル・妹アヤカシコネ　出会い
⑦イザナキ・妹イザナミ　誘い合い

③の泥、④の杭と続いたあと、⑤に殿《との》の神がくる。これは場所の神。オモダルとアヤカシコネは男女の出会いのことば「かわいい」「かっこいい」が、そのまま神名になっている。イザナキ・イザナミは「イザナフ」を効かして、おたがいに誘い合うの意になる。

こう見てくると、「トノ」という「場所」も「雲・野原→泥→杭」と凝縮するイメージから、映像がずれていく。ならば「トノ」には人体のイメージも重ね合わされていると見たほうがいい。人体で性別をあらわす場所といえば、性器だ。③あたりで男女の区別が発生していると考えられる。

このように「神代七世」は連想式にことばを並べて、世界の創成と人間の生成を表現している。表向きは物語のかたちで語るのではなく、神名を列《つら》ねた系譜にして、背後にストーリーをしのばせる。

意味づけること

しかし、単なる語呂《ごろ》合わせではない。宇宙にあまねく存在する生命現象から、生殖行為による人間の出現に移行する。それに合わせて、イザナキ・イザナミの登場が準備されるのだ。上っ面を見ると、ただ神名を並べるだけの味気ない系譜である。しかし、裏には宇宙物理学やスコラ哲学とおなじ課題がある。それを表現することばも比喩《ひゆ》的で、何かをたとえている。

たとえば「イザナキ・イザナミ」という神名。このことばに「誘《いざな》ふ」の意味を含ませるのは、なかなか思いつかない。それは、この神名が固有名詞だからだ。

固有名詞は、その語が何を指しているかが分かればそれでいい。イザナキ・イザナミだったら「あの神社に祭られている」とか「漁民が信仰している神だ」とかいう集団認識があれば、原義などはどうでもいい。無意味であっても、固有名詞として役目を果たせばいいわけである。

神を信仰している人々が、固有名詞の「イザナキ・イザナミ」を動詞の「誘ふ」に重ね合わせることはしない。それは、信仰の地平からことばを引きはがし、知の文脈に移し換えないかぎり、起こりえない。

イザナキとイザナミは「この世で最初の男女」という意味をもつともいわれている。しかし、語源的には不明としかいいようがない。これは、編纂者にとってもおなじだった。信仰している人々も、別に本義を知って使っているわけではない。だれも知らないから、連想しやすく「いざなふ」にした。無意味だったものに、意味を与えたわけである。

それは、大地と人体の生成を重ね合わせるという意図があって、はじめて成り立つアイディアだった。これに示されるように、「日本」の神話は、信仰で作られたのではない。信仰の断片から作られた。断片が残骸《ざんがい》にならなかったのは、断片を集めてストーリーを作るときに、新しい意味をもたせたからである。

新しい物語

「イザナキ・イザナミ」を主人公にする話を要約すると、次のようになる。

イザナキとイザナミは天つ神から、「流動している下界を固めよ」と命ぜられる。それで、下界にオノゴロ島を作って、国生みを行い、島々を生む。そして、神々を生んでいき、火の神を生む。

話のポイントは次のようになる。

①オノゴロ島ができる。
②ヒルコを生む。
③大八島《おおやしま》を生む。
④神々を生み、火の神を生む。
⑤黄泉国へ行く。

イザナキとイザナミはオノゴロ島を作り、ヒルコを生み、大八島を生む。そして、火の神を生んでイザナミは火傷《やけど》を負い、黄泉の国に行ってしまう。すると、イザナキも後を追いかける。黄泉から脱出した後に、穢《けが》れを清めるためにみそぎを行うと、神々があらわれ、最後にアマテラス・ツクヨミ・スサノオがあらわれる。三神があらわれると、イザナキ・イザナミは役割が終わって、神話の第二幕が閉じられる。

イザナキ・イザナミの話は、一口で国土創成神話と呼ばれている。天地が動き出して、まず国土が作られる。そこにたくさんの神々が生まれる。神々は山や川を象徴し、列島に自然が形成される。イザナキ・イザナミ二神は、世界創成を行うにふさわしく巨人化され、島々、神々を生んでいく。

これらの話の特色は、伝承的な来歴をまったくもたないことだ。民間に伝えられていた古い話は、おそらく一つもない。おおかたのストーリーは、朝廷の知識人たちが机上で作った。ただ、イザナキとイザナミという神名だけは存在した。この神を祭る神社は、今も淡路島《あわじしま》にある。そのあたりの漁民が、ほそぼそと信仰していたのだろう。それが、「日本」神話に抜擢《ばってき》されたのだ。理由は二つばかりある。

一つは「イザナキ・イザナミ」という神名が「誘ふ」に結びつけられやすく、「神代七世」の構想に合致しやすかったこと。二つ目は、あまり名前が広まっていなかったことである。民間で山川創成の神話をもつほどに有力だった地方神は、かえって新しい神話に不向きだった。イザナキ・イザナミは、新しい日本にかなう世界創成の神として、選び出された真新しい神である。

次の三点の疑問から、この神話に接近してみたい。

一番目の問題点、ヒルコは、なぜ生まれたか？
二番目の問題点、生まれる神々は、何を意味するか？
三番目の問題点、黄泉の国神話は、どう読むべきか？

排除された神

問題点に入る前に、一つ述べておきたいことがある。それは、先ほど触れた民間の古い国土創成の神についてである。当時、国土創成の神といえば、それは、オオナムチ・スクナヒコナだった。二神のコンビはもっぱら民間のもので、記紀の神話では分離されている。オオナムチは、国作りをしたオオクニヌシの別名になっている。

片割れのスクナヒコナは、「はじめに」で述べたように、オオクニヌシの場面に登場する。

オオクニヌシが出雲の美穂に来たところ、蛾の縫いぐるみをかぶった神が、十センチくらいの豆殻のようなものに乗って、やってきた。変な神なので、従者に聞くと「皆、知らず」といった。

無名の神である。案山子《かかし》や蟾蜍《ひきがえる》に聞くと、ようやく、スクナヒコナだということが分かる。

この話は、スクナヒコナをわざと無名の神にするために作られた。実際には、この神は、民間でもっとも人気のある神だった。万葉集には、オオナムチ・スクナヒコナのコンビを詠む歌が三首ある。しかも、場所は和歌山や福岡のあたりと各地に散らばっている。風土記などにも、オオナムチ・スクナヒコナが、山川を作ったり、稲種をもたらしたり、温泉を引いたりして活躍する。スクナヒコナは、全国的な知名度をもつ神だった。

このように民間神話では、国土と文化の起源が、オオナムチ・スクナヒコナで語られていたのである。一方、イザナキ・イザナミの創成活動を詠み込んだ歌は万葉集になく、風土記にもイザナキ・イザナミ二神は登場しない。当然である。無名なのは、イザナキとイザナミのほうだった。

古事記のなかで、スクナヒコナが無名の神になっているのにはわけがある。人気のある神をだれも知らない存在にすることによって、民間の神話を否定し、排除したのである。

こうして、創成神話の主人公は、オオナムチ・スクナヒコナから、イザナキ・イザナミに書きかえられた。新しい「日本」にふさわしいのは、多くの人々によって長く語られてきた民族の神話ではなかった。民間にないオオクニヌシという神を作り、その別名をオオナムチにすることで、オオナムチ・スクナヒコナのコンビを解消したのだ。

ところが、もともとオオナムチは、スクナヒコナとペアを組まなければ行動できない神だった。それなのに、古事記のなかでは、ずっとオオクニヌシ独りで登場する。オオクニヌシとオオナムチは同一神ではない。民間神話のオオナムチを否定することで、オオクニヌシは作られたのである。

スクナヒコナの相方だったオオナムチは、オオクニヌシの名で格上げされた。しかし、スクナヒコナから分離されてしまった。オオクニヌシが、スクナヒコナを知らないというのは皮肉だ。民間神話を排除してできあがる古事記の神話は、自分の素性を語る物語にほかならない。オオナムチのことについては、第Ⅴ章でまた、詳しく取りあげよう。

神話はファンタジー

さて、先ほどあげておいた第一番目の問題、ヒルコについて。

国土を固めるために、下界のオノゴロ島に降りたイザナキ・イザナミ二神は、国を生むのが仕事だ。まず淡路島を生み、続いて四国、九州、本州、佐渡島《さどがしま》などを生み出した。夫婦が生殖行為で、列島の諸島を生むというのはいかにも神話らしいスケールである。

神話は荒唐無稽《こうとうむけい》なもの。神々は、人間のルールにしたがわない。だから神々のストーリーを、人間の物語のように読むのは禁物だ。実際、古事記の話を、感情をこめて読むと妙なぐあいになる。「そのとき、イザナミは何を感じたか?」といった疑問は無意味である。なぜなら、神は、感情のはたらきぐあいが人間とはちがっているからだ。神話を読むには、感情を無視すること。とはいえ、ギリシャ神話や古事記の神話は文芸化されているので、神は人間的だ。

ついでに、「それでは、どう読むのか?」の素朴な疑問に答えておく。神の行動にピントを定めればよろしい。感情よりも行動である。

そもそも、神話のストーリーは神々の行動でできあがっている。行動なら、どんなに人間のルールを脱線してもかまわない。だから、神話の世界では、性交によって国土を生み出すという荒唐無稽な話が成り立つわけである。

神話は非現実の世界。ファンタジーである。ファンタジーだったら、性交で島が生まれてもいい。どうせファンタジーなのだから……。ところが、ファンタジーを甘くみてはいけない。なぜなら、それはうわべだけで、本当は、寓意《ぐうい》だからだ。

ファンタジーが隠しているのは、実は、国が成り立つときのリアリズムである。古事記の制作者が、二次的な神話をあえて作ったのは、現実を覆い隠すためだった。神話が隠したリアリズムを明らかにするためにも、神々の振る舞いには注意しなければならない。

生殖行為で島を生むという不合理さは、神の行動と見れば別に疑問もわかない。ただし、この行為は、ものごとは一度失敗し、困難のすえに成功するというストーリーがとられている。それが、ヒルコの出生にかかわる問題になっていくのだ。

ヒルコはなぜ生まれた？

古事記のストーリーでは、生殖行為で日本列島を生む前に、ひともんちゃくある。ヒルコだ。この子は失敗作。出来損ないの子供が生まれてしまった。あら筋はこうだ。

二神は、オノゴロ島で柱を巡って落ち合う。まず女神が「かっこいい男」といい、次に男神が「かわいいお嬢さん」と応《こた》えた。二人は意気投合して、国土を生もうということになった。そこで性交して、はじめに生まれたのはヒルコ。しかし「この子は葦舟《あしふね》で流そう」といって、捨て去った。

長子を遺棄するショッキングな話である。「なぜ、捨てられるの？」。天つ神に聞くと、「女が先に声をかけたからじゃ」という。それでやりなおしたところ、今度は淡路島から順にうまく生まれたという。結婚のときに、女性が先に声をかけるのはタブーだった。それに反したので、良くない結果があらわれたのだという。

儒教のない世界

いわゆる夫唱婦随。女は「三尺さがって師の影を踏まず」式の考え方である。夫唱婦随に違反した罰として、ヒルコが生まれた。このような話があるので、古事記は男尊女卑の話ばかり書いていると見られがちだ。気のはやい人などは、「だから古事記は嫌い」と頁《ページ》を閉じそうである。しかし、「男尊女卑の思想があるのは、ここだけ」なのだ。妻や母親が出てきたり、古事記は、むしろ女性の側から書かれている。

男尊女卑的な夫唱婦随は、儒教の考え方だ。これを、古くさい道徳というのは現代の見方で、神話のなかでみると、ピカピカに新しい。なにせ、神話は無文字の時代にできあがって、一万年も二万年も語り継がれてきた。孔子《こうし》が世にあらわれたのは、たかだか三千年前にも満たないのである。神話に、儒教が出てくるはずはない。

神話は、儒教がなくても成り立つ。ヒルコの話だって、儒教的な習慣に関係なく成り立っているはずだ。つまり、女が先に言おうが男が先に言おうが、初児は生みそこなうのだ。理由なんて、あるわけがない。それが神話だ。

もともと、この神話は、はじめの子は肉の塊だったり魚の格好をしたりして、生みそこなう話だった。そのような神話は、東南アジアに広く分布している。日本の神話もその一つだった。神話的には、「初児生みそこない型」の話とみられる。そのような話は、むろん、儒教には無関係である。

ところが古事記の神話では、女が先に言うことはタブーになっている。なぜか。それは、ヒルコの出生というネガティブな結果に対しては、それなりの理由がなければならないという意識が出てきたからだ。タブーを破るという良くないことが行われたので、その報いとして、良くない結果があらわれた。これが古事記の立場である。それで、儒教の考えが取り入れられたのである。

話型の姿

かいつまんで、ヒルコが生まれた事情をいえば以上のようになる。女性が先導するのは良くないというのは、古事記のなかで、もっとも新しい部分に属する。神話であることさえも疑わしい。少なくとも神話本来のかたちでなかった。

神話本来のかたちは話型《テール・タイプ》という。話型は、分類の基準だった。今、世界中の口承説話は、話型によって分類され、振り分けられている。しかし、実際の伝承では変形したり、分解したり、複合したりする。それが、話型の生きた姿である。古事記の上巻を神話的に読むときは、話型の性格が大いに役に立つが、機械的に当てはめればいいというものでもない。ヒルコの神話は儒教と複合して、神話が変形した。一口に神話といっても、そこには新しく書かれた層がある。本来の意味が疑われる文脈もあり、テキストの新旧の差を見きわめ、それに合わせて、複眼的な読み方をしなければならない。

神話を疑う

儒教的なものがつけ加えられたのは、古い伝承が疑われたからである。「なぜ、何も悪いことをしていないのに、ヒルコが生まれるのか?」。伝承者が、このような疑問を抱いたのが運のつきで、彼はなんとか答えを出さねばならない。それで、儒教の考え方が利用されたのである。

つまり、神話は何も説明しないのだ。説明なしに、いろいろな出来事が起こる。それが、神の世界だ。

なぜ、何も説明しないのかといえば、その神話が人々によって信じられていたからである。だれもその話を疑わない。神話は、たとえどんなに荒唐無稽な話でも、そのストーリーが疑われることはなかった。ストーリーが疑われたとき、神話の世界はこわれる。話型はずたずたに分解されて、解体する。

古事記を作り上げている材料は、バラバラになった神話の断片である。あちこちから切れ端を寄せ集めて、新しい組み合わせを考えたのが、古事記の神話だ。

新しい組み合わせとは、新しいストーリーのこと。古事記の神話は、その意味で新しいストーリーである。ところが、新しさの背後には、数千年はおろか、ゆうに数万年をさかのぼる古さが隠れている。疑われた神話は、破棄されるのではなく、新しく意味づけ直される。このとき、おおかたの口承神話は、文字で成り立つ神話に生まれ変わるのだ。

無文字の時代、話型は口承で伝えられた。だから話型は、口頭で威力が発揮されるようにできあがっている。時間を超えて語り伝えるときには、話型が記憶のかたちになる。ところが文字の時代になると、記憶の型は不要になった。時間を超えるのは、文字である。文字は時間が経ってもなくならない。

神話的なストーリーは疑われ、口承の時代は終わろうとする。それと裏腹に文字が出現するのである。儒教も、文字とともに伝播《でんぱ》したのだ。

ヒルコの出生が疑われるのは、文字社会の到来と並行していた。神話の敵は文字である。しかし、半面で文字は味方でもあったのだ。話がバラバラに解体しても、文字に書きとられて、しぶとく、神話は生きのびるからである。

火の出現

イザナミは順調に日本列島を生み、神々を生む。まず、オオコトオシオの神が生まれる。国生みという大事が終わり、新しい段階に入ったことを意味する。以下、火の神が生まれるまで四十神近く、火の神カグツチから、剣の神タケミカズチまで十数神、合わせて五十ほどの神名が出てくる。

よく日本は多神教といわれる。その通りで、古事記の神話は、全部でなんと四百神ほども名を列ねている。なかには系譜だけで、物語をもたない神も多いが、神名を列ねることで、何かをいおうとしている。冒頭の「別天つ神」「神代七世」がそうだった。今、目を向けている「神々の出生」段は、その典型だ。

はじめに、イワツチビコやカザモツワケなどがあらわれるので、生まれたばかりの日本列島に、山川や谷などの自然を生み出す話にみえる。確かに、自然の景観を思わせる神がたくさんいる。オオワタツミ、ハヤアキツヒコ、クニノサギリ等々。

ところが、ミクマリからクヒザモチにかけての系譜に要注意である。「クヒザモチ」は「汲《く》みひさごもち」の約《やく》とみられている。ひしゃくの神さまだ。分水嶺《ぶんすいれい》から流れる水をふるい分けるのがミクマリの神。それを各家庭で、さらに小口に分ける。そのとき使うのがひしゃくである。クヒザモチは、その神格化。水は水でも、河川を流れる自然の水ではなく、炊事などで人間が使う水、つまり、文化としての水だ。

「神々の出生」に出てくる五十神ばかりは、全部なまの自然でなく、人間が生活に使うための自然である。列島に文化が形成される様子を、神の羅列であらわしたわけである。

四十神ほどいったところで、火の神カグツチが生まれる。この火も、火山などの自然の火ではなく、人にコントロールされた、ちょろちょろ燃える火、文明の火である。

ギリシャ神話では、プロメテウスが人間のために火を盗み出した。怒ったゼウスは、プロメテウスをコーカサス（カフカス）の岩山に縛り付け、災いのもとになるパンドラという女を作る。パンドラが禁断の箱を開けると、不幸が広まり、希望だけが残ったという。

プロメテウスの神話は火の起源をいうとともに、災いの発生をも語っている。火には二つのはたらきがあって、文化を生み出すとともに、文明を破壊する。使い方を誤れば、人間に破滅をもたらすのだ。これは、現代でも解決できない、文明が抱えた最大の矛盾だ。

日本の神話も火の出現で、文化のレベルが高くなる。土器や鉄器など、火力を利用した製品があらわれる。ところが、一方で、火の神を生んだためにイザナミは死んでしまう。火の出現が、人間に不幸をもたらすわけである。

火をコントロールする

しかし、このストーリーには別の面もある。カグツチの出生する前後の場面を、細かく見てみよう。火の神を生んで大やけどをしたイザナミは、苦悶《くもん》してのたうちまわり、嘔吐《おうと》物や排泄《はいせつ》物を出して、そこから金属の神やら土器の神を生むが、それらのなかに、ミツハという水神が名を列ねている。

このあたりの光景は、火力に支えられた文明の登場を語る場面。ここに出てくる穀物神も、鉄器による灌漑設備をともなう農耕神だ。だから、水をつかさどるミツハという神があらわれるのは当然である。しかし、それ以上に大切なのは、火をコントロールする役割である。自然の火と文化の火とのちがいは、そこにある。火をコントロールすることができて、はじめて、文明が形成される。

火の勢いをコントロールするには、水を自在に使うことが必要である。ミツハは、人間が自由に使いこなせる水である。場違いな神がここに出てくるのは、ちゃんと理由があるのだ。

古代文明と剣

火の神が生まれたら、次は刀剣の神、タケミカズチの登場となる。火のエネルギーが剣を製造するのだ。だから、カグツチからタケミカズチへの流れは理にかなっている。実際には、火の神を切って血が飛びかい、ものが切り裂けるなかでタケミカズチがあらわれる。タケミカズチは、火と血で沸き立つ坩堝《るつぼ》のなかで出現する。いかにも刀剣の神にふさわしい。エネルギッシュで凄惨《せいさん》だ。ストーリーとしては、妻のイザナミを失った悲しみで怒り狂ったイザナキが、カグツチをめった切りにして、血が飛び散って生まれたことになっている。

しかし、それだけではない。

タケミカズチが、「神々の出生」のほぼ最後に登場することに要注意だ。これは文化の最終段階である。要するに、古代文明の最高峰として出てくるのだ。剣は単なる殺戮《さつりく》の武器ではない。古代文明が生み出したもっとも高度な技術だった。現代の工具を用いてさえも、剣を作るのは容易ではない。

カグツチに象徴される火の力は、自然の火ではない。自然の火は、火山や山火事・落雷の火である。とても、人間がコントロールできるものではない。火を利用するのは、なみ大抵ではないのだ。カグツチからタケミカズチを生み出すには、火をあやつる高度な技術を獲得しなければならなかった。

これを大前提にして、タケミカズチは生まれる。古代文明の最高技術である。現代でいえば、コンピュータか宇宙ロケット。刀剣を作り出す火のエネルギーは、とうとう原子力発電にまでいった。そして原子力は、コンピュータを生み出す現代の文明を、一瞬で破壊できるのだ。

古事記は、剣を生み出すほど高度になった古代の文明が、人間の不幸のうえに作られることをすでに語っていた。「日本」の神話は、現代のわたしたちと無縁ではないのだ。

火と山の神

ところで、「神々の出生」の終わりにくるのは山の神である。「神々の出生」が山の神で終わっていることに、多くの注釈書はとまどい、まともな言及を避けている。しかし、何か理由があるはずだ。わたしは、以下のように考えている。

山の神は、山の各部にわたって全部で八神。けっこうな数だ。これらの山の神たちは、イザナキがカグツチをめった切りにした勢いであらわれる。沸騰した血からあらわれるタケミカズチ。山の神は、剣の神が出生するすさまじい場面を鎮める効果もあろう。しかし、それとは別に、最後に山の神が出てくる理由は、いくつか考えられる。

一つは、火のエネルギー源としての木。近代になるまで、火は木を燃やして作ってきた。だから木の生い茂る山で、「神々の出生」をしめくくったという考え方である。

もう一つは、神々の出生の次にくる黄泉の国とのつながりである。死後、霊魂は山に行くというのが、わが国の土俗的な考えである。「姨捨山《おばすてやま》」の話があるように、老いて死んでいくものは山に運ばれた。それで、山をもち出したのではないか。これが二つ目に考えられる理由である。

作られたストーリー

これらの理由が当たっているかどうかは分からない。しかし、大事なのはどちらであっても、神話の筋はよく考えて作られていることだ。古事記が素朴な書物でないことを、あらためて認識させられる。古くから語り継がれてきた話を、まちがいなく伝えることとは、別の面が見られる。辻褄《つじつま》が合い、文脈が緊密につながっているのである。

たとえば、自然をコントロールして獲得した火が、高度な文明をもたらすと同時に、不幸の発生をもうながす。一歩あやまれば死がある。このような二面性をもちながら、人間は火をコントロールしている。神話は、文明の危うさを知っていた。それをあらわすのは、ものごとの因果関係、つまりストーリーである。

古事記の神話がストーリー性に富み、全体が一続きの流れになっていることは、たびたび述べてきた。ただし、物語は二重の意味をもっているのだ。一つは表で語られるストーリー。しかし、裏にはもう一つのストーリーがある。黄泉の国の話も、その仕組みのなかで読み解くと、よく分かる。

神話のストーリーは古事記のばあい、それまで語られてきた伝承的な話ではない。神々や世界の関係は、新しく作り直される。ある出来事とある出来事には、因果関係がなければならない。「こうなれば、ああなる」「こうなるには、どうでなければならないか」という判断が、古事記のストーリーを作り上げていくのだ。

それを「神話的な知」と呼んでおく。「神話的な知」というのは、一種の形容矛盾だ。「神話」と「知」は矛盾するから。古事記では、新しい原理が神々の物語で表現されている。たとえていえば、材料や原料よりも、それらを用いた組み合わせ方が問題になるのである。ストーリーはその関係である。

黄泉の国

黄泉の国神話は、とても神話らしい話である。火の神を生んだイザナミは、死んで黄泉の国に行く。イザナキが、後を追っかけて黄泉の国に行き、妻を引き戻そうとするが失敗する。失敗してどうなったか。そこに話のポイントがある。

もう少し先を急ぐと、イザナキは、黄泉の国の穢れを清めるために儀式を行う。みそぎという。清まったところで、アマテラスとスサノオ・ツクヨミの三神があらわれる。三神があらわれると話が変わってアマテラスとスサノオの物語になる。

黄泉の国神話を境にして、神話のストーリーが一つ改まるのである。

似た話がギリシャ神話にもあって、よく比較される。琴の名手オルペウスが妻のエウリュディケを救いに冥府《めいふ》に降るが、しかし、「地上に着くまで後ろをふり返ってはいけない」という命令を破って、妻を連れ戻すのに失敗する。イザナキも「わたしを見てはいけない」という禁止を破って、妻を連れ戻すことに失敗した。

黄泉の国神話もオルペウス型の話といわれる。しかし、黄泉の国神話は、他にもいろいろな話型を含んでいる。

まず、全体を大きく枠づけているのは、イザナキが別世界に行ってくる異郷訪問型。やってはならないタブーを、男神が破る禁室型もある。イザナキは女神から「わたしを見てはダメ」といわれたのに、約束を破って見てしまうのだ。イザナミが、死者の世界のものを食べる共食儀礼型もある。また、必死で追っ手から逃げる三枚のお札型の話などもみえる。

話型というのはすでに触れたように、口承時代からの、決まりきった話である。神話や昔話は、ほとんどお決まりのパターンからできている。その点でも、黄泉の国の話は、神話らしい神話の代表だ。

この神話の問題点を、二つにしぼってみよう。

一つ目の問題点は話型にかかわるもので、禁室型の話型について。なぜ、禁室型なのだろうか。二つ目の問題点は、話の主題である。なぜ、ここで使われているのか。これも話型にかかわっているが、しかし、話型そのものではなくて、いわばその応用問題である。夫婦離縁（コトドワタシ）の場面などが、主題にかかわる重要な箇所になる。

禁室型の話

見てはいけないといわれたのに見てしまう話は、世界中で語られている。これらの話を、禁じられた室《へや》を覗《のぞ》く話に代表させて禁室型という。

「見るな」といわれてバカ正直に守る話は、おそらく、世界中探してもみあたらないだろう。約束や禁止は、破られるのが常である。この型の話は、次のように要約できる。

①禁止が与えられる。
②破られる。
③男女は離別する。

このパターンで、よく知られているのは、木下順二《きのしたじゅんじ》の『夕鶴《ゆうづる》』という作品である。ある雪の日、傷ついた鶴《つる》を救った与ひょうの家に美しい女性があらわれ、「覗いたらだめ」という禁止を与え、部屋で布を織る。美しい布だったので街で高く売れる。与ひょうはたちまち大金持ちになるが、ついつい、禁止を破って妻が布を織る姿を見てしまう。鶴になって布を織っていた姿を見られた女は、よたよた飛び上がって与ひょうのもとを去るという話だ。

見るなといわれて、見てしまうのは話の法則のようなものだ。黄泉の国神話では、禁止を与えるのはイザナミ、破るのはイザナキである。彼は女神から「わたしを見てはいけません」といわれたが、待ちきれなくなって、とうとう「一つ火」をともしてあたりを見てしまう。すると、蛆《うじ》がわいているイザナミの死体があった。

イザナキはびっくり仰天して、黄泉の国から逃げ出す。イザナキとイザナミは、ヨモツヒラサカをあいだにはさんで、夫婦別れのことばを掛け合って、離縁する。ヨモツヒラサカが、現実世界との境目になっている。こののち、ヨモツヒラサカは千人で曳《ひ》いても動かない大石で塞《ふさ》がれる。これがストーリーのあら筋である。

話の裏側

ところが、イザナキとイザナミの離別は、夫婦の離縁にとどまらない。イザナミは、男神が離縁をすれば、「一日に千人殺す」と恐ろしいことをいう。イザナキも負けずに「それなら、こっちは千五百の産屋《うぶや》を建てる」といい返す。差し引きすると、生者世界のほうが五百人多いわけだ。それだけ、生者がふえる。黄泉の国神話のストーリーが、単に夫婦の離縁ではなく、生と死の起源を語るとみられるゆえんである。

話が複雑になるのは、二神は単なる夫婦ではないからだ。イザナキは生者世界の主、イザナミは死者世界の大神になっていく。二人の離別は、生者世界と死者世界の分離を意味することになる。

それまで力を合わせて協力し、島々や神々を生んできたのに、その良好な関係にピリオドが打たれる。タブーが破られたために、対立の関係に入るわけである。

二人が対立し、決別するなかで、イザナキとイザナミの物語は終わる。タブーを破ることは、二人の関係を終わらせることにつながり、やがて、物語そのものも終わる。しかし、別の見方をすれば、終わりははじまりである。イザナキ・イザナミのストーリーが終わって、次のアマテラスとスサノオの物語が始まる。

個々の話型には、主題がある。たとえば異郷訪問型は、ふつうは成長や変身の結末に結びつくし、禁室型だったら夫婦別れがテーマである。イザナキ・イザナミの話のなかで取りあげられる話題は、ストーリーのなかでちゃんと実現されている。しかし、このストーリーにはもう一つの意味があるのだ。

見えない物語

もう一つの意味とは、右に述べたように生者世界と死者世界の分離である。このテーマは禁室型のテーマである夫婦の離縁とはちがっている。

ふつうはテーマがちがえば、話そのものがちがってしまう。しかし、イザナキ・イザナミの神話は、二つのテーマを一つのストーリーが請け負っている。それを可能にするのが、ストーリーの二面性である。一つの話は、表と裏の二通りで読まなければならないわけである。

そもそも、この二人はふつうの夫婦ではなかった。人格化されているけれども、最初の男と最初の女だった。最初の男女であれば、負わされている役割も重い。世界を作り上げることが、二神に負わされた大切な仕事だ。この役目を見据えて、ふさわしい話型が選ばれている。ポイントになるのは、分離モチーフだ。

夫婦として合体することよりも、二人が分離し、対立するほうに話題の重心がある。話題の重心は、夫婦別れから、世界の分離へ移動する。主題がずれていくわけだ。二つの主題は、つながっていながら、ぴったり重なっていない。そのずれがストーリーを生み出していくのである。

宇宙の生命が生殖の性になり、生殖が世界の原理になる。イザナキ・イザナミを通して世界はようやく動き出し、分離された世界の所有者が生まれようとしている。

生死を分離させるストーリー

古事記の作成者が抱いた構想は、ざっと、そのようなものだ。彼は思考し、それを神々の行動であらわそうとする。行動は、ストーリーを作り上げる。

あらためて、黄泉の国神話のストーリーに注意を向けてみよう。ストーリーは、単なるお話ではないのだ。

はじめ、世界はまだ分離していなかった。黄泉の国は、現実の世界とつながっていた。だからイザナキは、死んだ妻を追って黄泉の国へ行けたのである。ヨモツヒラサカはあったが、まだ、千人で引くほどの大きな石で塞がれていない。必要があれば、往来が可能だったのである。

世界の創成とは、世界の分化である。

「天地初発」のときは、世界すべてが天上世界だった。存在するのは生命だけ。生命は活動し、いろいろなものを作りはじめる。宇宙にものが生じて、天の下に大地ができた。文明が進み、自然は、人間が利用できるかたちに変えられる。すると、いよいよ火の神が登場する。しかし、火の力を手に入れたとたんに不幸が発生し、死があらわれる。こうして、死者の世界が意識されてくるのだ。

しかし、死者の世界は、はじめは生者の世界とつながっていた。生と死が連続していたのである。生死がつながった世界は、生が死であり、死が生であるような世界だ。イザナキがイザナミを追っかけて黄泉の国へ行ったとき、世界はそんなふうだった。この構造は逆でもいえる。死者の国から戻ってきたいときは、いつでも戻れた。死にたいとき死に、生きたくなったら生きる。そんな過ごし方をしていたわけだ。

ところが、イザナキとイザナミが夫婦別れをして協調的な関係が破られ、対立する関係になると、ヨモツヒラサカが岩石で塞がれ、もう行き来ができなくなる。死者の世界は死者の世界、生者の世界は生者の世界として、きびしく区別されてしまう。二つの世界を行ったり来たりする自由はなくなり、一度死んだら、それっきり死んだままでいなければならない。

生と死が連続しているとは、どういうことだろうか。さしあたり、生者と死者の世界がつながっている状態が、想像できる。イザナキとイザナミが夫婦であるストーリーは、そういう状況で語られている。だから、イザナキは死んだ妻の後を追って、黄泉の国へ簡単に行けたのだ。

しかし、見るなのタブーが犯されると、二人の関係は別の様相をみせる。対立が発生し、分離にまで発展する。世界は分離し、二つの世界は行き来できなくなってしまう。

こうした暗転は、ストーリーが進むなかで、自然にかつ必然的に起こっている。どうしても、そうならなければならない。物語が、世界を変化させるのである。つまり、ストーリーが関係を変化させるわけだ。

民間の死者世界

黄泉の国神話の主題は、単にイザナキとイザナミの夫婦別れをいっているのではない。夫婦別れは表側のストーリーで、裏の話を暗示するにすぎない。書かれているのは、もともと連続していた生の世界と死者世界が、大きな石で遮断され、死者が生者から区別されて、独立した領域の存在になったという複雑な話だ。

黄泉の国神話から、死者の世界の発生を読み取るのは、誤りではない。しかし、あくまでも「日本」の神話における死者世界の発生で、民間の神話における死者の国の成立ではない。古事記の作成者が、このあたりでそろそろ、死者世界と生者世界の分離を語っておこうとしたのは確かだと思う。しかし、民間に伝わる神話を語るつもりは毛頭なかった。

万葉集をみると、山に死者の霊魂がやどるという歌が、何首もある。ヨモツクニのヨモは「闇《やみ》」と無関係で、「山《やま》」の変化した語であることも証明ずみだ。また、黄泉の国神話の直前に山の神が八神生まれるのは、神生みと黄泉の国の神話をつなげる意味があるのかもしれない。

土俗の信仰では、死者は山中に行くという世界観が信じられていた。山中他界観では、どちらかというと水平方向に他界をイメージする。山を上下差のある地形とせず、もっぱら非日常的な空間と意識するわけである。

ところが、古事記では死者の世界が「黄泉《こうせん》」という中国語で書かれている。「黄泉」は死者の赴く泉で、中国では地下にあるとされていた。大陸的で垂直的な他界観である。

古事記の神話では、「天地初発」にすでに高天の原があった。天地を軸とする垂直的な世界イメージである。高天の原の主神に、太陽神がおさまるのも、「日本」神話が垂直的な枠組みをもつからである。

この構造に、民間の水平的な世界像が押し込められるとき、死者の世界は垂直的なものに変化せざるをえない。かりに民間信仰のヨモツクニが水平的な山中他界であっても、「日本」神話の黄泉の国は垂直化されているのだ。

古事記のねらいは、伝承的な死者の世界を作ることではなかった。それだったら、民間の創成神話をもってくればよい。たとえば、スクナヒコナあたりの話にちょっと手を加えれば、死者の逝《ゆ》く世界など容易に作れたはずだ。それをしなかったのは、神話の枠組みを替えることにねらいがあったからである。

死者の世界を垂直化すること。そこに「日本」神話の主題があった。日本書紀の異伝をみてみると、アメノトコタチよりも、クニノトコタチを最初の神にするのが多い。この神は、地上にあらわれた。垂直的な高天の原はまだ存在しておらず、クニは、水平的な枠組みで表現された。死者の世界もその延長線上にあったのだ。

水平構造から垂直構造へ

「日本」の神話で活躍するのは、高天の原の神々である。水平的だった民間の神話は、天と地を結ぶ垂直軸に収められる。

黄泉の国、根の国、海神の宮などに水平的な表現がいくらか見られるのは、原像の名残である。黄泉の国には移動の描写がないし、スサノオにかかわる根の堅州国にはヨモツヒラサカという境界があって、黄泉の国との区別がはっきりせず、海幸《うみさち》・山幸《やまさち》神話に登場する海神の宮では侵入は水平的、脱出は垂直的というぐあいに、イメージがちぐはぐである。そのため、山幸のホホデミは中途半端なかっこうで海宮を往来する。

水平表象の本来の姿は、海の彼方《かなた》に理想郷を見出す神話像である。スクナヒコナが帰っていった常世の国は、その典型だ。

海の彼方は、島々からなるこの国の、口承時代からの理想世界だった。天上界に秩序の根拠を求める垂直的な世界像がなかった時代、常世の国は、水平的な世界の中心だった。スクナヒコナとオオナムチのコンビは、土俗の創成神として広く信仰されていた。

ところが、誕生後まもない「日本」の神話は、これを認めたくなかった。新しい神話に作りかえたのである。ものごとは常世の国に根拠づけられるのではなく、高天の原に由来を求めなければならない。そのためには、古くさいものをネガティブに位置づけておかなければならなかった。根の国から発せられる価値を否定するのが、「日本」神話のねらいだった。

肝心なことは、水平的な神話構造を、どう垂直的に組み替えるかということだ。ストーリーの二重性には、それにかかわるものが多い。組み替えは、古事記の前に完了していたわけではなく、古事記の文脈が組み替えを行う作業現場なのである。ストーリーのなかで、水平的な神話が垂直的に変化して、分かりにくくなるのはそのためだ。

たとえば、イザナキ・イザナミが黄泉の国へ行くことによって、黄泉の国が生者の世界から分離し、独立した領域になっていく。古事記においては、ストーリーが世界を作り上げる。どこかにある伝えられた伝承が、神話を作り上げるのではない。「日本」の神話は古事記の物語が作り上げる。古事記がストーリー性に富むことの、本当の意味はそのあたりにある。

第Ⅳ章　アマテラスとスサノオ——新しい関係

アマテラスとスサノオの登場

アマテラスは、イザナキの左の目から生まれ、右の目からは、ツクヨミが生まれた。これは日と月の神。次にスサノオが誕生した。この神はイザナキの鼻から出てくる。鼻は息吹の象徴だ。地球の荒々しい大気の流動が、スサノオを生んだ。風は雲を呼び、雲は太陽や月を覆い隠す。

三神は、みな、イザナキのみそぎであらわれた。みそぎは、黄泉の国の穢れを祓《はら》うために行われた。アマテラスとスサノオは、過去を祓い清めた真新しい神。三神は、宇宙的なイメージのなかで生まれる。

世界はすでに天上界・夜の世界、そして海に分割されていた。イザナキからさっそく命令が下される。アマテラスは天上の「高天の原」を治めることが命ぜられ、ツクヨミには夜の世界、スサノオには「海原《うなはら》」の統治が言いわたされる。こんなふうにして、アマテラスとスサノオの話が始まる。月の神は、アマテラスとスサノオの誕生が終わると、お役ご免である。物語は、もっぱらアマテラスとスサノオで展開し、ツクヨミは出てこない。

「日本」神話では、アマテラスとスサノオは、姉と弟の関係である。二人の物語は「日本」神話の中心的なモチーフを担っている。表の筋では第Ⅶ章で触れる天孫降臨が古事記全体のクライマックスだが、裏側のストーリーでは、姉弟の話がもっとも重要だ。

アマテラスの話は、スサノオが父イザナキの「海原を統治せよ」という命令に背いたところから始まる。

スサノオはイザナキの怒りをかい、「お前など、どうにでもなれ」とばかり、追放されてしまう。そこで、高天の原に昇って姉のアマテラスにいとまごいをする。しかし、この行為を疑った姉は、弟の侵入を阻止しようとして立ちはだかる。弟は、身の潔白を証《あか》そうとして、聖約《うけい》を行う。「ウケヒ」とは神聖な約束ごとのことだ。

ウケイに勝ったスサノオは、勝ちに乗じて高天の原で大暴れ。恐れおののいたアマテラスは、岩屋戸に籠《こ》もってしまう。神々が集まってアマテラスを誘い出すと、スサノオは高天の原からも追放されて、出雲に降っていき、そこで大蛇を退治し、英雄になる。

このストーリーには、「分治」「昇天」「ウケイ」「岩屋戸」「大蛇退治」と主だったプロットを個々に拾い上げただけでも、問題になるところがいっぱいある。これらの場面は、すべて密接につながっている。個々に取りあげると、つながりで成り立っている話が、めちゃめちゃになってしまう。

つまっているものが多いだけに、めちゃめちゃになると、ひっくり返ったおもちゃ箱のように、手がつけられなくなる。ここはひとつ、話をつなげている縄をたぐり寄せるしかない。

物語の見えない糸

結論からいうと、アマテラスとスサノオが姉・弟というのは、真っ赤なウソ。もともと二人は、赤の他人だった。むりやり仲の悪い姉弟にさせて、弟を乱暴者に仕立て上げたのは「日本」神話である。そこには、太陽の神を世界の中心に据えようという意図がうかがえる。

スサノオという神は、昔から民衆に信仰されてきた。新しくアマテラスを主役にしようと目論《もくろ》んでいる勢力には、スサノオは目の上のタンコブである。これを貶《おとし》めなければならない。イザナキ・イザナミを創成神話の主役にするために、スクナヒコナが無名の存在にされるのとおなじだ。スクナヒコナについては、本書の冒頭でも触れている。

スサノオといえば、手に負えない暴れん坊で、どうしようもないマザコン。わたしたちが抱くこのレッテルは、そろそろはがしたほうがいい。スサノオの話は、作られた神話の典型である。

古事記の筋書きでは、アマテラスとスサノオは姉・弟の関係である。乱暴な弟を見るに耐えかねて、寛大な姉は、弟を出雲に送り込んだ。出雲に降ると、スサノオは大蛇をやっつけて英雄になる。大蛇を切り刻んで手に入れた剣は、スサノオから天上のアマテラスに捧《ささ》げられ、二人はいつのまにか穏やかな関係になっている。

物語は、確かにそうなっている。しかし裏では、この筋書きを成り立たせるための方策が、いくつも立てられているのだ。

まず、スサノオに悪役を演じさせて、悪いイメージを植えつける。しかし、最後は和解して、スサノオはしかるべきかたちに落ち着く。こうすれば、アマテラスの寛容さが引き立つのである。

これが物語の見えない糸だ。糸は絡み合い、あちこちで交錯する。整然と流れる表側のストーリーを作り出しているのは、舞台裏のどさくさである。一口に要約すれば、古めかしい秩序を、おおかたはスサノオに背負わせる。そのうえで、この神を、新しい秩序の原理であるアマテラスの足下に、おとなしく服従させる。

もっと実情に即していえば、裏側のストーリーを隠すために、物語は作られている。表側のストーリーには、巧妙なトリックが仕掛けられているわけである。次に、アマテラスがスサノオを疑う理由を考えてみよう。

拒否という感情

物語の発端は、スサノオの拒否。彼は父から海原の統治を命ぜられるが、しかし、ただ大泣きに泣いて命令にしたがわない。イザナキは怒ってしまう。もし、スサノオが姉たちとおなじく素直にしたがっていれば、父の怒りもなく、追放されることもなかったろうし、アマテラスも疑うことだって、なかったろうに。

スサノオは駄々《だだ》っ子で、反抗的だ。スサノオの気質は、生まれつきである。おまけに、泣けば河川の水が涙に吸い取られて、大地が干上がってしまうほどの干魃《かんばつ》が起きる。スサノオは、生まれつきの悪神だ。しかし「ちょっと待て！」。

いくら文芸化されているとはいえ、古事記の神話は、やはり神話である。前に述べたように、神話を感情から読み解くのは禁物だ。人間的な物差しが、スサノオに当てはまるかどうか。現に泣き方だって、天地の異変に結びついている。

別の面から考えてみよう。アマテラスは、なぜ、命令にしたがったのだろうか。

アマテラスには、高天の原の統治が命ぜられた。ところが、もしこれが夜の世界だったらどうだろうか。いくら素直なアマテラスでも、これにはしたがえないはずだ。アマテラスは日の神だから、太陽の照っている世界しか統治できない。高天の原の統治なら、アマテラスに合っている。ただそれだけだ。

したがうのと、したがわないのとの違いは、感情によるのではない。どうやら、スサノオという神のあり方に原因があるようだ。性格が反抗的というのは、当てにならない。

スサノオは海原の統治を命ぜられた。したがわなかったのは、そこがスサノオに合っていなかったからである。スサノオは海の神ではない。それで反抗したのだ。駄々をこねるわがまま坊主だから、反抗したのではない。

追放されるスサノオ

はじめ、スサノオは海原の統治を命令された。それを拒否したことには、別の意味がある。海原を拒否して大泣きするので、父は「それなら、お前の勝手にするがよい」といって、さじを投げる。スサノオは「妣《はは》の国、根《ね》の堅州国《かたすくに》に行きたいんだ」という。「妣」は亡き母、母霊の世界である。「根の堅州国」は地下の片隅の国という意味。母霊のいる地下の隅っこの世界だ。

根の国はもともと、海上彼方の理想郷を指した。沖縄には「ニライカナイ」ということばが今でもあり、水平線の彼方にあると信じられている理想世界のことを指す。「根」は、沖縄のことばで「ニール」とか「ニーラ」という。ものごとの根源という意味である。それがスサノオのいう亡母の国だった。

ところが、古事記では「根の堅州国」となっている。「堅州国」が文字の通りに、堅い中州と見るのは形容矛盾だ。川の中州はほどよく柔らかい。ここは、あえてイメージを結ばない文字遣いを選んで、根の国が、片隅の国であることを隠そうとしたふしがある。

根の国は、もともと、根源の国として世界の中心を占めていた。それが、本来のかたちがそこなわれ、隅っこに追いやられた片隅の国になっている。

それにもかかわらず、スサノオは片隅の国である根の国に行きたいという。そのせいで父親から追放された。このことは、追放がスサノオだけにかかわるのではないことを示している。スサノオの追放は、スサノオの所属する世界そのものの追放なのである。根の国が、中心から端っこへ移動したのだ。

それを物語にすると、スサノオが追放されるストーリーになる。スサノオの追放は、すなわち根の国の追放だった。こうして根の国は、本来の姿をなくして、あたかも、自ら望んだようにして、スサノオとともに追放されるのである。

姉の疑い

父親から追放されて、スサノオは姉に会いに行く。原文では「然者、請天照大御神、将罷」とあり、「然らば、天照大御神に請《もう》して、罷《まか》らむ」と訓読できる。「それならば、お姉さんのアマテラスに事情を話して、いとまごいしてから出かけよう」くらいの意味に取るしかない。どうということのない書き方である。

ところが、アマテラスは疑う。

スサノオが昇天すると、大地震が起こる。災いをまき散らしながら、弟が高天の原に昇ってくる。あの乱暴者がやってくるには、何かわけがあるに決まっている。嵐《あらし》が太陽をのみ込もうとする。アマテラスは「弟は、きっと、高天の原を奪い取ろうという魂胆にちがいない」と思う。

アマテラスは髪型を男のものに結いなおし、完全武装する。スサノオの移動とともに、舞台は高天の原に移る。高天の原は、アマテラスとスサノオの対決する場所になる。アマテラスの様相は誇張して描かれ、相撲取りのように堂々と四股《しこ》を踏む。高天の原は大音声につつまれた。

ところが、大声で怒鳴っているのはアマテラスだけである。スサノオに向かって、アマテラスは昇天の理由を問いつめる。しかし、スサノオは身の潔白をいう。「邪心」や「異心」

などがないことを弁明するだけだ。

けれども、姉は頭から信用しない。ならば、「清明心」はどのように証明するかといって、弟に迫る。口でいくらいっても信じてもらえない。それで、スサノオはウケイで子を生んで、身の清らかさを証明しようとする。

このようにストーリーをたどると、対立は、もっぱらアマテラスがもたらしていることが分かる。スサノオは、姉に合わせて立ち向かっているわけではない。彼はひたすら釈明する一方だ。

アマテラスがスサノオを疑うのは、弟の「清明心」を証明したかったからだ。弟の清明心を取り付けるのが、アマテラスのねらいだった。

ウケイ神話の矛盾

ウケイ神話の主題も、スサノオの清明心にかかわる。ところが、この神話は、いくつかのねらいが撚《よ》りあわされて、一つになっている。ストーリーは単純ではない。絡み合った糸を、ほぐすことが肝心だ。絡み合う原因の一つは、スサノオを勝たせなければならないことである。

スサノオは、高天の原を奪うために昇天したわけではなかった。ウケイに勝つのは、邪心がないからだ。邪心がないことは、高天の原を奪うこころがないことを意味する。スサノオが高天の原に昇ったのは、ちょっと姉に挨拶しに立ちよっただけだ。それを勝手に姉が、国を奪い取るにちがいないと、疑ったのである。スサノオがウケイに勝つのは、当たり前だ。

ところが、うっかりスサノオを勝ちにしてしまう話は作れない。

なぜなら、スサノオが勝つと彼が皇祖神、つまり天皇家の始祖になってしまうからだ。この段にはもう一つのねらいがあって、ウケイからオシホミミが生まれることだ。この子には名前に「勝」の字があり、「正勝《まさかつ》吾《あ》勝《かつ》勝速日《かちはやひ》天之《あめの》忍穂《おしほ》耳《みみ》」というまことにうるさい正式名称をもっている。ウケイに勝つのはスサノオだから、この神はスサノオが生み出さなければならない。

ところが、スサノオがオシホミミを生むと、話がややこしくなる。なぜなら、オシホミミは後の天孫降臨の段で、天降りが予定されているからである。つまり、天孫をスサノオが生むことになると、スサノオが天孫の始祖になってしまうのだ。これは、とんでもないことである。

降臨神は、実際には別の理由でオシホミミの子であるホノニニギに変わる。しかし、もしも天孫がスサノオの子になれば、えらいことになる。

身が潔白なスサノオが、ウケイに勝つのは当然だ。しかし、オシホミミも生まなければな

表②　記紀のウケイ神話

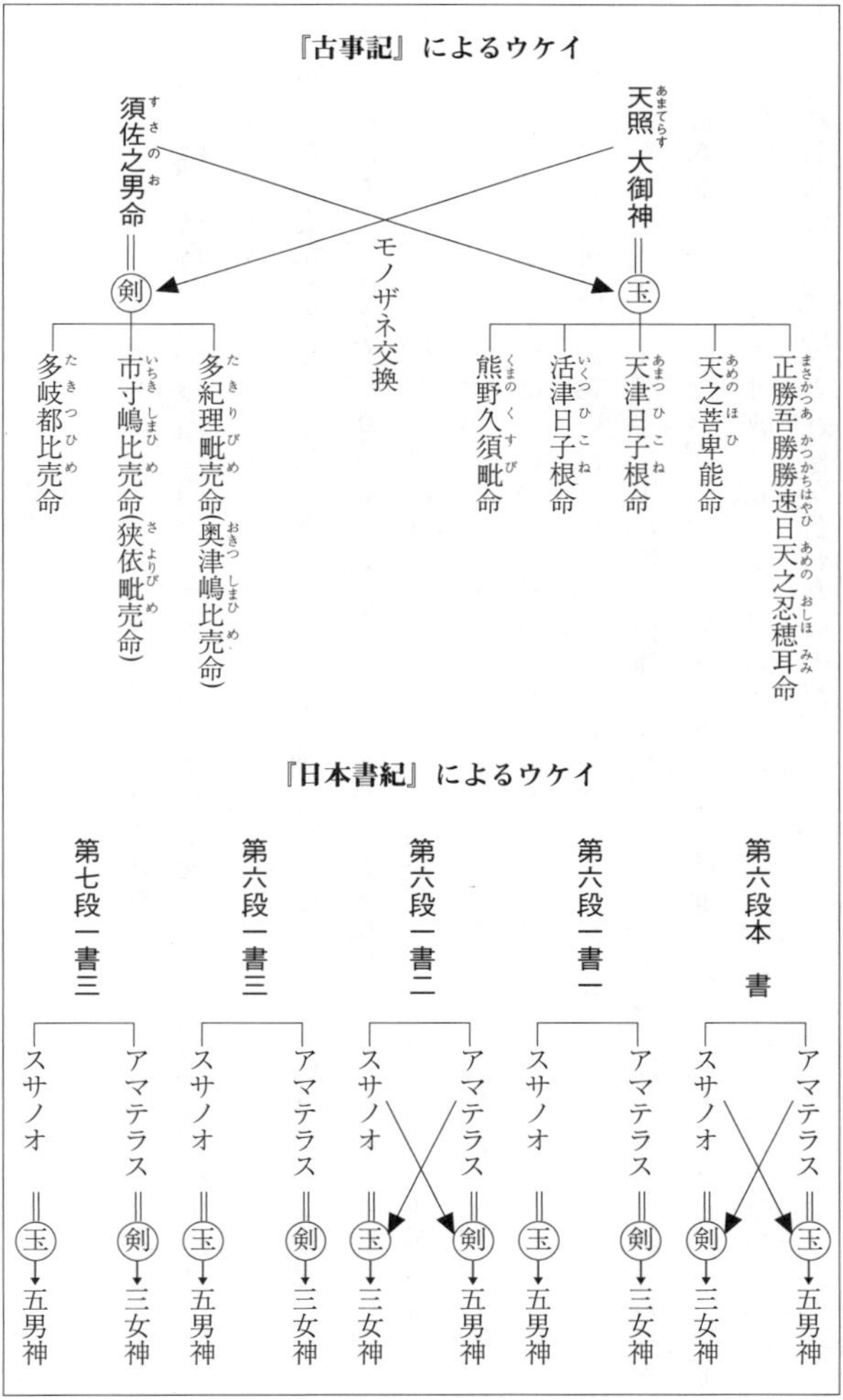
『古事記』によるウケイ
天照《あまてらす》大御神
須佐之男《すさのお》命
モノザネ交換
玉
剣
正勝吾《まさかつあ》勝勝速日《かつかちはやひ》天之《あめの》忍穂《おしほ》耳《みみ》命
天之《あめの》菩《ほ》卑《ひ》能命
天津《あまつ》日子根《ひこね》命
活津《いくつ》日子根《ひこね》命
熊野《くまの》久須毘《くすび》命
多紀理毘売《たきりびめ》命(奥津嶋比売《おきつしまひめ》命)
市寸嶋比売《いちきしまひめ》命(狭依毘売《さよりびめ》命)
多岐都比売《たきつひめ》命
『日本書紀』によるウケイ
第六段本書
アマテラス
玉
五男神
スサノオ
剣
三女神
第六段一書一
アマテラス
剣
三女神
スサノオ
玉
五男神
第六段一書二
アマテラス
剣
五男神
スサノオ
玉
三女神
第六段一書三
アマテラス
剣
三女神
スサノオ
玉
五男神
第七段一書三
アマテラス
剣
三女神
スサノオ
玉
五男神

らない。すると、スサノオが皇祖になるのだ。二つはどうみても、矛盾したストーリーである。

古事記では、ウケイの直後にアマテラスが子の所属を再決定する。オシホミミを含む五神については、材料が玉から出たのでアマテラスに所属させ、三人の女神は、材料がスサノオの剣だから、スサノオの子とする。

子供の所属を決め直すことで、スサノオが皇祖神になってしまう矛盾はなくなった。しかし、そのかわり、勝ち負けがあいまいになった。あらかじめ男神を生んだほうを勝ちとする日本書紀では、スサノオが悪神になる。これはこれで明快だが、するとスサノオが敗者にならねばならず、スサノオは高天の原を奪いに昇天したことになる。この筋書きは、話の流れに合わない。スサノオが負けるのも、無理のあるストーリーだ。

結局、ウケイ神話のねらいは、いろいろなものをあいまいにすることだった。

アマテラスとスサノオが子を生むこと自体、ふつうだったら近親相姦《そうかん》である。避けるべきだし、目的もはっきりしない。スサノオの勝ちをあまり前面に出せないし、かといってスサノオが負けるストーリーは成り立たない。スサノオを負けにするには、高天の原を奪いに来たことにしなければ、話の辻褄が合わないのだ。

ウケイ神話のもう一つの特徴は文章である。この部分は、とくに韻律性の強い文章で書かれている。おなじ調子のくり返しが多く、一見、口承風の感じである。しかし、口承時代の韻律ではなく、文字であえて作り出されたリズムだ。

口承時代の韻律は話型に還元されて、記憶に残りやすい。ところが、ウケイの韻律は、反対に、細かく見れば見るほど事態があいまいになり、わけが分からなくなる。アマテラスとスサノオの関係をうやむやにすることが、この段の主なねらいだった。意図したあいまいさだった。文章の律文も、わざと記憶をあいまいにするねらいがある。

勝ちさびの謎

スサノオとアマテラスのあいまいな関係を、さらに追いかけてみる。勝ちさびの段を読んでみよう。スサノオはウケイに勝った。日本書紀は、あらかじめ男児を生んだら勝ちと決めているが、そうしていなかった古事記では、スサノオは勝手に勝ち名乗りをあげる。「女の子を得たのだから、わたしが勝ったのだ」、と。理屈も何もあったものではない。

そして、勝ちさびの行動に出る。「サビ」は「錆《さび》」と同語で、「それらしくなる」こと。錆が出るのも、鉄らしく化学反応することにちがいはない。万葉集には「神さぶ」「乙女さぶ」「翁《おきな》さぶ」などがある。ところが「勝ちさび」は古事記だけの造語で、他に例がない。意味は、勝ちにふさわしい行動、つまり勝者らしい振る舞いである。とくに問題になる語とも思えない。

しかし、物語上は大問題。スサノオの清明心が証明されて、勝者にふさわしい振る舞いであるなら、おとなしく高天の原の秩序にしたがうのが当然である。なのに実際は逆で、スサノオは田圃を壊したり、糞尿《ふんにょう》をまき散らしたり、やりたい放題の大暴れだ。

それを、姉は「何かわけでもあるんでしょう」といって黙認する。スサノオが昇天したとき、彼女は、一方的に疑ったのである。そのため、ウケイにまでことが発展した。今度はアマテラスが大目に見ているわけである。まっこうから対立しようとしない。おたがいに、相手の矛先を避け合っている。

ウケイ後のスサノオの行動は不可解である。潔白を証明しておきながら、勝ちさびの後の行動は、まるで正反対だった。高天の原を奪う邪心はないのに、結果的に、高天の原をめちゃくちゃにしたのである。さすがの姉も、岩屋戸に避難する。


ここに高天の原皆暗く、葦原の中つ国悉《ことごと》に闇《くら》し。これによりて常夜《とこよ》往《ゆ》きき。ここに万《よろづ》の神の声は、さ蠅《ばえ》なす満ち、万の妖《わざわい》悉に発《おこ》りき。

太陽がなくなり、すべて闇の世界である。災いのはびこる真っ暗闇は、スサノオの暴力で高天の原が高天の原でなくなったにひとしい。高天の原は、なくなったのだ。これが勝ちさびの結果なら、姉の恐れたように、スサノオは高天の原を奪ったのだ。

いくつもの映像

勝ちさびの行動は、どうみても辻褄が合わない。それとも、スサノオは、ただ勝った勢いでむちゃくちゃをしているだけなのか。確かに、それもスサノオらしい行動であり、そう読んでも話は通る。

しかし、前後の文脈と合わなくなる。すべては姉の勝手な疑いから始まった。彼女は弟を容赦しなかった。弟はひたすら、言い訳をしただけだ。激怒する姉と、従順な弟。ところが勝ちさびをはさんで、関係は逆転する。姉は、弟の暴走を黙認するだけである。スサノオの乱暴は高じて、とうとうアマテラスは、身の安全のために岩屋戸に撤退してしまう。世に名高い天の岩屋戸神話は、このようにして始まる。

もう一度、語義に戻って考え直してみると、「勝ちさび」はそれらしく行動することだった。語義にしたがうと、スサノオは、ただ勝者らしく振る舞っただけになる。語義の通り素直に読めば、矛盾しているように見えるストーリーも、それなりに筋が通る。

スサノオはスサノオらしく、勝利者は勝利者らしく行動した。スサノオが暴れたのも、勝者らしい振る舞いだったわけである。つまり、スサノオらしい振る舞いとは、高天の原と対立することなのである。

スサノオは根の堅州国の神である。だから、彼らしい行動とは、根の堅州国の神に似つかわしい行動となる。高天の原をひっくり返すような乱暴も、根の国の神にはふさわしい行動である。スサノオはウケイに勝ち、清明心が証明されたのに、なぜ、高天の原で暴れるのか。それは、この神が根の国の神だったからである。

文脈は矛盾しているようで、矛盾していない。表面的なストーリーだけみると支離滅裂だが、深いところでは、ちゃんと辻褄が合っている。

古事記の神話を読むには、複眼が必要だ。勝ちさびの段はとくにそうである。映像はくっきり分かるが、意味するところは不鮮明である。映像はぶれており、もう一つの中心にピントを合わせると新たな像が浮かんでくる。

多義性の世界

「岩屋戸神話の場面を思い出してください」といわれると、かなりごちゃごちゃした光景が思い浮かぶのではないだろうか。

岩屋戸神話には、全体を取り仕切るオモイカネという神がいる。彼が、神々を安川《やすかわ》の河原に集合させる。続々と八百万《やおよろず》の神たちがやってくる。鶏を鳴かしたり、鏡や玉、垂れた布などを作り、祝詞《のりと》を唱えてアマテラスを呼び戻す祭りを行う。ウズメの裸踊りにつられて、アマテラスが顔を出すと、相撲取りのような怪力男が、太陽神を引っ張り出す。

岩屋戸に籠もったアマテラスがふたたびあらわれると、スサノオは出雲に追い払われる。ここでもスサノオは追放される神である。一度目は父親から、二度目は姉から、スサノオは追放される。

このストーリーは、いくつかの解釈で読まれている。

まず、日食や冬至の太陽祭祀《さいし》として。衰えた太陽を復活させる儀礼である。鶏を鳴かすのは、自然の因果を逆にした呪術《じゆじゆつ》行為である。朝になると鶏が鳴くのを逆にして、鶏を鳴かせて朝にする。朝になれば、太陽があらわれるのだ。

次に、宮中の年中行事として。祝詞は、罪を流す大祓えや、天皇の無病を祈る鎮魂祭で読まれる。これらの祭りは、宮中の年中行事だった。

かつては、これらのうち、どれが正解かを決めるのが研究方法だった。しかし、今はどれもが正解というようになっている。一義的に正解を出すのではなく、多くの正解を認める。多義的な解釈が、今流の読み方である。

それだけではない。多義的な表現は、裏側に、もう一つ、別の意味を隠しもっている。

「日本」神話は、この手法を意識して使いこなしているようだ。

スサノオの映像はともかく、アマテラスはときに太陽だったり、ときに人間のかたちをしていたりする。いくら多義的存在とはいえ、少し落差がありすぎだ。かりに人格神だとしても、男神なのか女神なのか。髪をミズラに結いなおすのだから、もともとは女らしい。しかし、ウケイになると男装し、堂々とした格好でスサノオに対峙《たいじ》する。勇ましい姿をした武者である。

ところがスサノオが暴れているときは、どうやら女に戻ったらしい。弟のやんちゃをじっと辛抱するおっとりしたお姉さま。そのままの姿で、岩屋戸に籠もる。高天の原の田圃では稲を収穫し、祭りを行う巫女《みこ》の姿にもなる。

アマテラスのイメージは太陽だったり、男だったり、女だったり、巫女だったり、姉だったり、相撲取りだったりして、一定しない。時と場所と状況で、どのようにでもなってしまう。アマテラスは多義的だった。

岩屋戸から戻ったアマテラス

しかし、天の岩屋戸の神話を通して、アマテラスは一変する。それまで一方的にスサノオに追い込まれ、あげくは岩屋戸に避難したアマテラスだが、ふたたび岩屋戸からあらわれると、あっさりスサノオを追放する。あれほど暴れまわったスサノオなのに、抵抗することもなく、高天の原から追い出される。

天の岩屋戸の前後で、力関係が逆になったのだ。それまで、せいぜいのところ祭りに仕える巫女だったのが、高天の原を取り仕切るたのもしい皇祖になった。岩屋戸神話の意味はここにある。アマテラスの変身が、天の岩屋戸神話の隠された主題であった。

ふつう、変身モチーフは、異郷訪問型の神話で語られる。異郷訪問型とは、別世界を訪ねることによって主人公が変身するというタイプの神話だ。だが、この話では、異郷の象徴である洞窟《どうくつ》の内部は見えない。そのかわり、洞窟の外ではアマテラスを呼び出す祭りが行われている。この祭儀でアマテラスは変身する。つまり、描かれている外の様子は、描かれていない内部の様子とおなじなのだ。

異郷訪問譚《たん》というのは、異常な世界に行って戻ってくる話である。高天の原が闇になるのは、異常事態だ。岩屋戸神話では、アマテラスが籠もった別世界が表現されていないかわりに、外でくり広げられる祭祀があらわされている。それは、アマテラスを再生させる呪儀《じゅぎ》だった。再生したとき、アマテラスは気のやさしい女性ではなく、たのもしい皇祖神に変身していた。

アマテラスは地上で生まれ、成長して、高天の原の統治を命ぜられた。高天の原では神田を作って、祭りを行う。岩屋戸に籠もる前は神であるというよりも、神を祭る巫女だった。まだ、高天の原を主宰する「日本」神話の主役の姿ではなかった。岩屋戸神話のストーリーには、アマテラスを皇祖神に変身させるモチーフが託されていたのである。

スサノオとの対決も、皇祖神をめぐる権力争いだった。アマテラスとスサノオのどちらを主神にするか。答えは、アマテラスに決まっている。スサノオは古い原理である。だから、追放されなければならなかったのだ。

さて、そのことをどのようにあらわすか。スサノオ側が露骨に不平をいえば、力で圧倒的に勝るアマテラス側にやられてしまう。アマテラス側にしても、力でねじ伏せたかたちにはしたくない。そのために、神話が利用された。異郷訪問型のストーリーが使われる背景には、そのような見えにくい理由があった。

アマテラスとスサノオの原像

アマテラスとスサノオの原像をはっきりさせておこう。二神が姉・弟の関係であるというのは、記紀のでっちあげた虚構だ。

記紀のイザナキ・イザナミ神話は、民間から採録した話ではなかった。アマテラスとスサノオの話も、民間の神話とは無縁である。もともとアマテラスにはアマテラスの神話があり、スサノオにはスサノオの神話があった。

　平安時代初期に編纂された『延喜式《えんぎしき》』の神名帳をみると、各地に「天照御魂《あまてるみたま》の神」「天照《あまてる》神」などが祭られている。おそらく、地域で守護神的に信仰されていたのだろう。アマテラスも太陽神だ。しかし、これらは、れっきとした男神である。こうした太陽祭祀に、巫女として仕えたのがヒルメだった。ヒルメは、「ヒ（日）―ル（～の）―メ（妻）」の意味である。アマテラスは、もともとは太陽神の妻だった。

　スサノオも根の国の主神として、あがめ奉られる存在でこそあれ、けっして追放されるような神ではなかった。根の国は、祖霊の集まる理想郷だ。人々は、水平線の彼方に憧《あこが》れていた。秩序の根源は、天上世界ではない。高天の原という観念はなく、常世の国がまだ生きていた。スサノオはそんな時代の神である。

　厳密にいえば、原像の段階で、アマテラスは存在していなかった。女神としてのアマテラスは、存在しなかったのである。

　古事記は「天照大御神」とするが、これはいわば美称だ。伊勢《いせ》神宮では、今でも「天照意《あまてらすお》保比流売《おひるめ》」という。実態は「ヒルメ」であり、原像は神を祭る巫女だった。それが、祭られる神そのものになったとき、性別を超えたアマテラス大神が誕生する。「日本」の主神は太陽神である。太陽は祭る側の存在ではなく、祭られる神そのものでなければならない。この変身を可能にするのが、天の岩屋戸神話だった。

こうして男神とも女神ともつかない、なんとも奇妙な神が誕生したのである。性別は不明だが、パワーでスサノオを上回ることは確か。しかし、おなじ土地ならどの氏族でも崇拝できる守護神から、王家だけが独占する始祖神になったのである。

ストーリーのねじれ

スサノオの昇天にはじまり、ウケイ、天の岩屋戸と続く一連の話は、ふつう「高天の原神話」と呼ばれている。スサノオとアマテラスがそろって登場するので、ストーリーはにぎにぎしい。

さて、この話の主題は何か。そう聞かれると、案外困ってしまう。

二神は対立しているといわれる。しかし、注意して読んでみると、さほど真っ正面からぶつかり合っているわけではない。対立的な関係にあるのは事実だが、まともにけんかをしているわけではない。かえって、それを避けている。姉が強気のときは弟が引き、弟が乱暴に出ると姉が難を避けるのだ。

そんなふうにして話は、天の岩屋戸隠れに持ち込まれ、いとも簡単にスサノオは高天の原から追放されてしまう。事件が多いわりに、筋の流れが滑らかで必然的だ。しかし、肝心のモチーフが見えにくくなっている。念のために、プロットを書き出してみよう。

・姉が疑う。
・たがいにウケイをする。
・スサノオは勝ちさびに出る。
・スサノオの乱暴がひどくなる。
・アマテラスは岩屋戸に籠もる。
・スサノオは追放される。

まず、姉の疑いを晴らすためにウケイが行われる。当然のことながら、スサノオはウケイに勝つ。勝った勢いで、スサノオはむちゃくちゃな乱暴をはたらき、とうとう犠牲者が出る。アマテラスは、恐れて岩屋戸に籠もってしまう。これらは、すべてアマテラスの疑いに端を発している。しかし、彼女の疑いは杞憂《きゆう》で、スサノオは、ただ別れの挨拶をしただけだった。スサノオは別れのことばをいいたかっただけである。

そのあたりから大きくストーリーがねじれて、スサノオは、矛盾した方向に平気で進んでいく。高天の原を奪う意志のないことが、ウケイで証明されたにもかかわらず、結果的に、高天の原を破壊する行動に出るのだ。

しかし、そのように読んでしまうと、本当のねらいを見失ってしまう。真のモチーフは、アマテラスの変身にある。スサノオが追い払われるのは、力関係が逆転したからだった。アマテラスは、岩屋戸に籠もる前の弱々しい姉ではなく、八百万の神々の先頭に立って諸神をリードする神に変身しているのだ。

アマテラスは、物語が進行するなかで変身する。ストーリーが進むなかで、事態の変化が示されるのは、古事記のストーリーの特色である。しかし、このような流れは文学作品であれば、ごくふつうだ。たとえば『源氏物語』。物語で起こっている不義密通などが原因になって、新しい事件が次々に起こる。古事記もそうだ。

ちがうのは、古事記には神話的なモチーフが使われていること。話型には、どのような文脈に使われようともモチーフがある。ストーリーがねじれるのは、ストーリーを整然と理屈づける展開が、裏側にある話型のためにゆがむからである。物語文学からみると複雑なようだが、神話ではしょっちゅう起こっている。話型でつながるのが、古事記の特徴である。

ただ、文字で書かれた神話であるために、物語文学では暗黙のことが古事記では表だって問題になっている。たとえば、密通の物語は、古事記では神話的な話型を逸脱する話になる。古事記は神話でありつつ、すでに物語の性格を備えているのだ。ウズメのストリップにおびき出されるアマテラスは、どうみても太陽神とは無関係な、愚かで人間的な姿だ。古事記は一筋縄ではいかない書物なのである。

大蛇退治の神話はなかった

高天の原を追放されたスサノオが出雲に降り、クシナダ姫を救って、八俣《やまた》のオロチを退治する話は、古事記のなかではよく知られた話の一つである。

ギリシャ神話にも、ペルセウスがアンドロメダを助けて海の怪獣をやっつける話がある。アンドロメダの母が美貌《びぼう》を自慢したので、神々の怒りをかい、娘が岩壁につながれた。それを、通りがかりのペルセウスが助ける話である。スサノオがヤマタノオロチをやっつけるのも同類の話だ。世界中の怪物退治譚は、四大話型の一つであるペルセウス・アンドロメダ型に分類されている。他は異郷訪問説話、羽衣《はごろも》伝説、異類婚。いずれもお馴染みの話ばかりだ。地球上のいたるところで語られている。

だが、古事記の大蛇退治の話は、古くからあった話型を利用した話ではない。確認できないが、オロチ退治は民間になかったようだ。この神話は出雲が舞台だが、現地には、これに類する話はなかった。

証拠は『出雲国風土記』である。現地側の資料であるこの文献には、スサノオやオオナム

表③　記紀の大蛇退治神話

	降下地	オロチ退治	木種	神婚	神剣	オオナムチ
古事記	出雲	○	×	○	○	○
日本書紀本書	出雲	○	×	○	○	○
一書一	出雲	×	×	○	×	○
一書二	安芸	○	×	○	○	○
一書三	ナシ	○	×	△	○	△
一書四	新羅	○	○	×	○	×
一書五	新羅	×	○	×	×	×

チが登場するのに、大蛇退治の神話は片《へん》鱗《りん》さえも出てこない。いろいろ議論があるが、結論からいえば、出雲側には原話がなかったのだ。伝承的な要素がないという点では、イザナキ・イザナミの国生みなどとおなじく、まったく虚構である。

先ほど、民間に確認できないと述べたが、確認できてもできなくても、この神話は虚構なのだ。理由は、日本書紀から、この神話が机上で制作されたことが証明できるからである。書紀には、本文と合わせて六つの伝承がある。古事記を足すと七つになる。このうち、スサノオが新羅に行く話が二つ。安芸《あき》国に行くのが一つ。他の四つは出雲に降る。注意すべきは、出雲に降ってもオロチ退治を語らない資料と、クシナダ姫との結婚を欠く伝えがあることだ。これらを分けてみると、新羅に降る話は別にして、次の二種類に分類できる。

①スサノオが、オロチを退治する。

②スサノオが、クシナダ姫と結婚する。

①と②を統合すると、古事記型の大蛇退治譚が成立する。つまり、①と②は、もともと別々な話だったわけで、古事記の神話は、大蛇退治と聖婚のモチーフを合わせて、一つのストーリーにまとめあげたものということになる。

成長するスサノオ

スサノオは、高天の原での暴れん坊から、大蛇を退治して「出雲」での英雄へと変化する。いったい、何をいうためのストーリーなのだろうか。天の岩屋戸の神話が、先に見たようにアマテラスの変身をいうためだとすれば、大蛇退治の神話についても再検討が必要になる。

まず、ストーリーからいえることを捉えてみる。見えやすいことから読み取ってみよう。スサノオの話をはじめからふり返ってみると、動きの激しい神であることが分かる。出生地は地上の「日向」で、そこから「高天の原」へ、「高天の原」から「出雲」へ、そして、なぜか「根の堅州国」にいたる。

こんなにいろいろな場所を行き来する神は、他にいない。オオナムチも広範囲を移動する神だが、もっぱら、地上の「葦原の中つ国」と「根の堅州国」のあいだで移動し、「高天の原」には行かない。地上をあいだにはさんで、「高天の原」と「根の堅州国」という垂直の軸を股《また》にかけて移動するのは、スサノオだけだ。

それだけ複雑なキャラクターである。手はじめに、移動の原理のようなものをつかんでおきたい。この神は、移動のたびに成長しているようだ。場所のちがいは、年齢のちがいではないか。年齢がちがってくれば、当然、行動もちがってくる。そこで、年齢にもとづいて場所と性格をまとめてみよう。

・幼児期〜地上＝泣き虫で甘えん坊
・少年期〜高天の原＝粗暴な暴れん坊
・青年期〜出雲＝若々しい英雄
・老年期〜根の堅州国＝老いぼれた長老

根の堅州国でのスサノオは、本章末尾で触れる。スセリ姫という結婚適齢期の娘がいて、若者のオオナムチを鍛える役で登場する。威厳のある老人というより、哀れな老いぼれ爺《じじい》である。

古事記のスサノオは、これら全体から捉えなければならない。ある一部分だけをふくらませて、甘えん坊だとか乱暴者・英雄だとか決めつけられないのだ。出雲へ来ると、スサノオは、確かに乱暴者から英雄に変わるが、その変化は、年齢差で生じたごくありふれた変化かもしれない。小さいころやんちゃでも、大きくなると立派な若者になるのは、よくみられるケースだ。

スサノオは、もともとの性格を否定されてアマテラスの弟になり、旧秩序を背負わされた。そのため、あいまいなキャラクターになったが、年齢の枠組みで、行動や振る舞いの傾向が読み解けるようになっている。

たとえば、生まれたばかりの子供は、だれでも甘えん坊で母を慕う。特別な意味はないだろう。出雲で勇敢に振る舞うのも、そろそろ結婚を考える若者にはふさわしい行動である。何も、英雄的な存在になったわけではない。

年齢という物語の構成原理を当てはめてみると、それまで不自然な展開にみえていたものが、ごく当たり前のことになる。古事記の物語には、そのような糸があちこちに張り巡らされている。それらが導線の役割を果たしながら、一方で、別の物語が入り組んで展開していくのだ。

二重の物語

大蛇退治の神話は、痛快な話である。説話のなかではサスペンス性に富んでいて、子供にはインパクトを与える。大人も楽しめる話だ。

出雲の肥川《ひかわ》（斐伊川《ひいかわ》）の上流、鳥上山《とりかみやま》の山麓《さんろく》に降ったスサノオは人家にたどり着く。そして、爺《じい》さんと婆《ばあ》さんに囲まれたクシナダ姫をみる。もうすぐ、大蛇の餌食《えじき》になるという。スサノオは娘を救うために、大蛇を退治しようと決意する。後はお馴染みの話だ。スサノオは、酒をたらふく飲んだ大蛇をめった切りにする。

この場面で、どうも腑に落ちないところがある。大蛇をやっつけるときに、スサノオはクシナダ姫を櫛《くし》に変えて、髪に挿すのである。奇妙な仕草だ。何のためか、よく分からない。念のため、原文を書き下しておく。

　ここに速須《はやす》佐《さ》之《の》男命《おのみこと》、すなはち湯《ゆ》津《つ》爪櫛《つまぐし》にその童女《おとめ》をとり成《な》して、御《み》角髪《みずら》に刺して、その足名《あしな》椎手《づちて》名《な》椎《づち》神《の》に告りたまひしく、云々。

爺さんと婆さんに命令したのは、大蛇を退治する設備である。まず酒を造る。次に垣根を巡らし、立派な八つの入り口を作り、入り口ごとに立派な樽《たる》を用意して、酒をなみなみと注いで待っているようにいいつけた。やがて、大蛇がやってきて酒をのみ、ぐうぐう寝てしまう。そこへ櫛を挿したスサノオがあらわれて、大蛇をみじん切りにする。

これを英雄的な行為と呼べるかどうかはともかく、クシナダ姫をクシ（櫛）に変えるのはなぜか。「クシナダ姫だから、櫛なのだ」では、ただの駄洒落《だじゃれ》である。古事記が、語呂合わせで話を進めるのはよく使う手だが、駄洒落的解釈では、その場はしのげても、うまく後に続く内容につながらない。

スサノオが命じた大蛇退治の設備は、よくみると、祭りの準備にもなっている。特上の酒を盛るのは祭神への供物であり、垣を巡らせるのは、囲われた内部を他から区別し、神聖な場所にするためだ。サジキや酒を注ぐ入れ物は祭祀の用具だ。用意されるものから見るかぎり、翁《おきな》らは、大蛇を祭る準備をしているのである。

しかし、本当にオロチを祭るのは、クシナダ姫である。オロチは「ヲ（尾根のヲ、山とか嶺《みね》）－ロ（～の）－チ（霊）」の意味となる。山の神である。山から流れ出す水は、水の神となり、水の力は稲の神にもなった。オロチは、もともと肥の川の神だった。大蛇の姿であらわれたのは、稲の神の本性だから。クシナダ姫は、もとは稲の神に仕える巫女だった。本名は「クシ（奇）－イナダ（稲田）－姫」である。

大蛇退治の話の裏には、水の霊である肥川の神を、稲田の巫女が祭るというもう一つの祭祀がある。祭る形態がそのまま、退治する話になっているのだ。表側の、オロチを退治することと合わせて、二重のかたちで話が成り立っているのが分かる。スサノオが、クシナダ姫を櫛に変えて髪に挿すのは、後の場面で、スサノオがオロチを退治し、祭るからである。

スサノオはオロチを殺すと同時に、オロチを祭る。

ところが、オロチを祭るのは、本来クシナダ姫の役割だった。スサノオは、オロチをやっつけるのとひき換えに、クシナダ姫を櫛にして、もともとの役目も代行した。だから、クシナダ姫を身につけたのである。

クシナダ姫とオロチの「食べる：食べられる」の裏には、「祭る：祭られる」の関係がある。スサノオとオロチも、単に「殺す：殺される」の関係だけにとどまらない。クシナダ姫を櫛にして身につけたことによって、「祭る：祭られる」の関係を含むものになったわけである。

大蛇退治神話の主題

では、この話の主題をどう考えればよいか。今までは、単純に話の筋からスサノオの英雄ぶりを読めばよかった。しかし二重構造が分かってみると、そんなに単純な神話ではなさそうである。

酒を供えて巫女がオロチを祭るのは、古い祭祀のかたちだった。スサノオがオロチを退治するのは、巫女が執り行う旧式の祭祀を終わらせることを意味する。スサノオのオロチ退治は、古い秩序をうち破り、新しい時代を開くことなのである。ただの痛快な怪物退治の話ではない。

さて、もう少し深入りしてみよう。

スサノオが旧習を打破する役割を与えられたのは、何を意味するか。スサノオはただ古い秩序を破壊するだけではない。同時に、新しい秩序の建設もしなければならない。出雲のスサノオには、両方が託されているのだ。

クシナダ姫と結婚するのは、そのためである。彼はクシナダ姫と結ばれ、子孫を残さなければならない。やがて国つ神の総大将、オオクニヌシがあらわれる。つまり、スサノオはオオクニヌシの始祖なのである。

スサノオは、単に古い世界の破壊者だけでなく、新しい世界の始祖でもある。オロチ退治の神話は、破壊することが、すなわち建設でもあることを示している。それは「日本」の構造そのものである。壬申の乱で破壊された秩序の断片から、新しい世界が作られたのだ。

アマテラスが、高天の原という天上世界の主神となったように、スサノオは出雲という地上世界の始祖神となる。両神の物語は、二人がともに不完全な存在から完全な神霊に変身するという共通性をもっている。

ここに新しい世界がそろったわけである。天上世界に秩序の根本を置き、地下に、かつて世界の中心だった根の国を位置づける。アマテラスは天上におさまり、垂直的な世界の頂点に君臨する。これと並行して、スサノオが追放されるのだ。

こうして、アマテラスは「日本」神話の最高存在となった。スサノオが始祖となる世界は下位である。オロチのシッポから出た剣を、うやうやしく姉に献上するシーンは、下界が天上界に服従したことを象徴する。

老いたスサノオ

芥川龍之介《あくたがわりゅうのすけ》に『老いたる素戔嗚尊《すさのおのみこと》』という作品がある。スサノオの全生涯をあつかった『素戔嗚尊』から、老年の部分だけを独立させて、一つの作品にしたもの。芥川は若き日のスサノオは、記紀にとらわれずにギリシャ風のタッチで描いているが、なぜか、老年の部分は古事記の「根の堅州国」に即している。

芥川が描いたのは、根の堅州国にやってきたオオナムチという若者に乗り越えられていくスサノオの悲哀である。若いスサノオは高天の原を壊したり、オロチを退治したり、底知れないパワーに満ちていた。ところが、根の堅州国のスサノオは、娘を奪いにきたオオナムチを嫉妬《しっと》し、陰湿ないじめをくり返す老人だ。しまいには、オオナムチのためにすべてをなくしてしまう。

芥川は、そのようなわびしいスサノオにスポットを当てた。根の堅州国の話は、ふつうはオオナムチの話とみられている。それを、スサノオの側から捉えるのは、さすがに芥川である。

ところで、出雲から根の堅州国へスサノオがどのように移動したのか、不審に思う人もいるかもしれない。スサノオは、いつのまにか根の国にいる。しかし、これははじめから決まっていたことだった。スサノオは海原の統治を拒んで「妣の国」である「根の堅州国」を望んだのだった。その後のストーリーは、すべてそれを発端にしていた。スサノオは、あっちこっちで追い払われ、そのたびに物語の世界を広げてきたのである。

スサノオの旅は、ようやく終わる。終わったとき、アマテラスを最高神にした新しい「日本」が誕生するのだ。しかし、スサノオは片隅に追いやられる。古い価値観は、世界の隅っこに居場所を与えられるのである。

芥川はスサノオの気持ちに共鳴している。スサノオの悲哀は、オオナムチという新参者のために隅に追いやられる前世代の嘆きである。スサノオ神話は、失われゆく旧世界の残照だった。

第Ⅴ章　オオクニヌシ――書きかえられた神

赤いシロ兎？

「イナバのシロ兎《うさぎ》って、何色？」といきなり聞かれたら、怪訝《けげん》に思うにちがいない。「決まってるじゃないか」。ごもっとも。この伝説で有名な地元にも、ちゃんと「白兎神社《はくとじんじゃ》」や「白兎海岸《はくとかいがん》」がある。だれだって「白」と答えるに決まっている。

ところがちがうのだ。正解は、白以外の色。茶色や灰色あたりが無難だろうか。赤も正解のうちに入る。

話のあら筋は、ワニを並ばせて、向こう岸にたどり着こうとした兎が、最後の一匹に捕えられて、丸裸にされる。古事記の原文では「白兎」ではなく、「素兎」となっている。

素という漢字は、素手素足だとか素材の「素」である。むき出しになった生地《きじ》のこと。イナバの素兎の話は、ワニに毛をむしり取られて、肌がむき出しになった愚かな兎の話。色には関係ない。このことは、古事記の注釈書を書いた本居宣長《もとおりのりなが》も、とうに指摘ずみである。

「素」とは、もともと絹糸のこと。色としては純白だ。古く、葬式の着物を素服《そふく》といった。真っ白な着物である。しかし、色でいうわけではない。染色を施していないことがポイントで、無地の状態をいう。これが「素」の意味。裸兎の話にはぴったりだ。

問題は、「素兎」の訓読である。宣長は、裸ウサギの意味だから、訓も「ハダカウサギ」でよいのではないかと考えたが、しかし、こだわったわけではない。訓読は後世にゆだねた。「後の人はよく考えよ」と。そこで、考えてみよう。

日本語には「白木」と書いて、シラキということばがある。色には無関係で、皮をむいた木のこと。反対語は「黒木」だ。皮がついたままの木である。「黒木」は万葉集にも見えるくらいだから、対となる「白木」も古くからあったと思われる。「シロ」は色ばかりを意味した語ではなさそうだ。色にかかわりなく、シロウサギと訓《よ》んでもよさそうである。

シロ兎を、赤く描いている絵本を見たことがある。

毛をむしった裸ウサギだったら、血がしみ出た肌の色でもよいだろう。一年中白い毛の兎は、幕末にヨーロッパから入って、日本の山野に野生化したらしい。古い時代は、まだ茶色や灰色だったかもしれないし、神話だから青や黄色でもいいじゃないかとみれば、これらも正解になる。

どっちにしろ「兎は白」という先入観で、うかつに「白」と答えられない。書き手はあえて「白兎」と書かなかったわけである。

誤った映像

これは小さなことだが、古事記という書物の性格をよく示している。用心してかからなければならないのである。思わぬところに、巧妙なわなが隠されている。見過ごすと、大変な目にあう。

オオクニヌシにも要注意だ。赤いシロ兎を登場させた絵本では、恰幅《かっぷく》よく描かれ、立派なひげをはやして、兄弟たちの後にくっついていく。どうみても二十～三十代くらいの大人である。

ところが、素兎の話では、オオナムチ（オオクニヌシの元の名）が子供でなければ話が成り立たないのだ。兎を助けたあと、オオナムチはいったん死に、よみがえって大人になる。これは、成人式を下敷きにした重要なストーリーだ。素兎のときに大人だったら、この話は成り立たない。

傷ついた兎を治す話は、子供のときでなければならないのだ。せいぜい十代はじめくらいの小学校の五～六年生。子供のオオクニヌシを想像するのは変だが、しかし、それが古事記の書き方なのである。

古事記の原文につき合わせてみると、われわれが誤って覚えている場面はいくつもある。シロ兎の色とオオクニヌシの歳は、格好なケースだ。白兎が赤兎になり、オオクニヌシが四十歳から十歳になれば、まったく別の映像になってしまう。

出雲と日向

別の映像になってしまうのは、出雲と日向の問題もそうだ。出雲のほうは、スサノオの大蛇退治のときに出てきた。日向も、アマテラスやスサノオが生まれた場所だ。みそぎが行われたのは「筑紫《つくし》の日向《ひむか》の橘《たちばな》の小門《おど》の阿波岐原《あはきはら》」だった。アハキ原は神話的な架空の場所で、太陽の光に満ちためでたいところという意味だ。

「日本」神話の世界は、全体が上・中・下の垂直的なかたちになっていて、上・中は高天の原と葦原《あしはら》の中《なか》つ国《くに》でまとまっている。葦原の中つ国が出雲と日向であらわされることもあるわけだ。地下界は統一されていない。地下にあるとされるのは、「黄泉の国」「根の堅州国」「海神の宮」の三つだ。これらについては、あとで触れよう。

とり急ぎ「出雲」と「日向」である。

どちらも実在する地方でありながら、神話の舞台になっている。いずれも、「葦原の中つ国」に重ね合わされている。だから神話では、出雲と日向は、地上世界の代表になっているわけだ。神話的には、地上はすべて葦原の中つ国である。ところが、ばあいによって日向といったり、出雲といったりする。一見するとかなり複雑に見える。それらは現実の地名でもあるから、ごちゃごちゃにすると確かに紛らわしい。

簡略にいうと、地上ならどこでも出雲であり、日向なのである。たとえば、紀伊《きい》の国でも信濃《しなの》の国でも甲斐《かい》の国でも、神話的にはすべて出雲であり、日向だ。神話的な出雲、また日向という言い方を誤解しないようにしよう。

出雲と日向のちがいは、基本的には、天孫降臨の前の地上を出雲といい、後は日向ということである。あるいは、オオナムチが地上を支配しているときは出雲であり、天孫が降ると日向になるとみてもよい。ただし、アマテラスたちが生まれたときにかぎって、誕生のめでたい場所という意味で、ちょっと「日向」が出る。

神話的な出雲と日向は、現実の出雲や日向とは異なって、イメージのなかにしか存在しない。イメージを作っているのは「葦原の中つ国」だ。現実の世界と混同すると、とんでもない混乱が生まれる。とはいえ、出雲といい日向といい、神話的にみたばあいでも、現実的な要素が少しは入っている。

葦原のイメージ

「日本」神話では地上世界を、「葦原の中つ国」といっていた。葦原の中つ国は「日本」の古い神話的名称ともいわれる。いったい、なぜ、「葦原」の「中つ国」なのか。「……の」は同格の「の」といわれている。「葦原」である「中つ国」という意味である。この語を捉えるポイントは二つある。

第一のポイント＝「葦原」のイメージをどう捉えるか。

第二のポイント＝「中つ国」のイメージをどう捉えるか。

まず、「葦原」から考えてみる。葦原といえば、すぐに西部劇に出てくるような荒涼とした風景を思い浮かべる。すすきが原とおなじで、村はずれの、ふだんあまり人が寄りつかない荒れた場所。そんなさびしいところが、神話とはいえ、どうして国名になるのか。ちょっとふしぎである。

でも、古代の人にとってはふしぎでも何でもなかった。むしろ当然だ。なぜかといえば、葦原のイメージがわれわれとはちがったからである。古代の人々にとって、葦原は神聖な場所であり、村の中心だった。

葦原は葦の群生しているところ。葦はイネ科の植物で、湿地を好む。そもそも稲作は、労力のかかる仕事である。田圃を作って、灌漑設備を施さなければならない。今、平野は肥沃《ひよく》な水田だが、はじめはだれも手をつけなかった。だだっ広いだけで水も引けず、利用価値がない荒野だった。

人の住む場所を、大小にかかわらず、小野《おの》という。人々ははじめ、山のすそ野だとか扇状地などに住みついた。山麓状の地形を平野《ひらの》という。ヒラは斜面の意。そういうところに人が集まる。葦原も人が集まる場所だった。なぜなら、葦原は葦を刈り取れば、そのままで田圃になったからだ。稲がよく実る場所を求めて移動した弥生人は、葦原を目指して移動した。

神の田圃

葦原は、神の田圃ともいわれている。自然の状態で、田圃なのだ。日本列島は湿原の多い地形をなしていた。人々は葦原を求めて移動し、適当な葦原にゆきあたると、その土地に定着する。葦原は豊穣《ほうじょう》の印だったのだ。

未開の葦原は最高の場所である。豊かな場所だから、人々は先をきそって住みつく。まだだれも手をつけていない葦原は、貴重だった。未開だからこそ、豊穣である。未開は、不毛ではないのだ。そこは神聖な場所だ。

未開は、ものごとの始まる始源だった。始源とは、文化のない不毛な状態のことではない。始源は、まだ、ものごとが何も始まっていないだけで、全部がそっくりそろっている状態だ。何も始まっていないのは、逆に、最高に完備している状態なわけだ。

葦原のイメージは、古代人とわたしたちでは反対である。葦原が「荒涼」や「不毛」のイメージになったのは、近代になってからである。古代人が見た葦原の風景は「神聖」で「豊穣」な場所だった。それが「周辺」の「不毛」な場所になってしまうのは、わたしたち近代人の見方による。

中つ国とは?

葦原の世界は、「中つ国」と呼ばれた。「ナカ」は「アヒダ（間）」とほぼおなじだ。位置をあらわすときには、上・下に対する中である。

だから「葦原の中つ国」は「葦原の茂った中央の国」ではなく、「葦原の茂った中間の国」の意味である。上の国は「高天の原」、下は「黄泉の国」や「根の堅州国」だ。地下界が水平的にイメージされたり、混同が見られたりと、きちんと定まっていないが、だいたいは垂直的な入れ物になっている。それで、中つ国という。

ところで、葦原を「中つ国」と呼ぶのは、古事記と日本書紀だけである。風土記や祝詞・

万葉集には「葦原水穂国」「豊葦原瑞穂国」といった名称が使われている。「水」「瑞」は、どちらもみずみずしいことをいう。葦原は、生きのいい稲がよく実る湿原だった。「葦原のミズ穂の国」がもともとの言い方であり、「中つ国」ではなかったろう。「ミズ穂の国」が「中つ国」に変わったのだ。

なぜ変わったかといえば、祝詞や万葉集では、地下世界が、まだはっきりイメージされていないからだ。

万葉集などでは、死者は地下に行くのではない。死者の霊魂は、ふだん人が足を踏み入れない山のなかに赴いた。山中他界であり、どちらかといえば水平的だ。地下の世界がなければ、地上界は「中」になりようがないのだ。

地下を意識するのは、「日本」神話になってからである。

記紀の神話は、高天の原を中心とする垂直的な世界像と、以前から民間で一般的だった水平的な世界構造を一本化しようとする。水平的な神話を、垂直的な枠に押し込めたのだ。そのため地上は、天と地下のあいだの場所になる。こうして、葦原の中つ国が誕生するわけである。

記紀の神話は、当時、民間に親しまれていた神話を採集して、一つにしたのではない。これまで何度も述べてきたように、記紀の神話は、書きかえられた話である。水平的な神話を、垂直的に作り直すのが「日本」神話の主要なねらいだ。「中つ国」という名称はそのあらわれだった。

オオナムチ・スクナヒコナのコンビ

オオナムチはスサノオの子孫だ。古い秩序の筆頭である。この神は、記紀で大幅に書きかえられている。オオナムチは、物語のなかで「大国主」の称号をえる。葦原の中つ国の王だ。彼は国土を作り上げて、地上の世界を治めた。だがそれは、天つ神に譲り渡すためだった。ところが、これは原像からほど遠い姿である。

オオナムチは、記紀では、もともとの姿から大きく塗り替えられている。イザナキ・イザナミ、スサノオなども、記紀では書きかえられていることは明らかであるが、原像がはっきりしないため、どこがどう変えられているのか、よく分からない。一方、オオナムチは民間での伝承がある程度分かるので、記紀で変えられたところがつかめる。

オオナムチの原像を伝えるのは、風土記や万葉集である。本書の「はじめに」で述べたように、合わせて十数例出てくるが、大半は、スクナヒコナとペアで登場する。二神はまるで一神のようで、分離できない。スクナヒコナは、オオナムチと一体で、切り離せない関係にあった。

二神はペアになって、各地に農耕や生活の起源にかかわる伝承を残している。スクナヒコナと対になることが、古くから語られてきたオオナムチの姿である。

原像の解体＝編成

古事記の目論見は、このペアを解消することだった。オオナムチは自立していなければならないのだ。実際、記紀の神話では、オオナムチはスクナヒコナから分離し、単独で行動するようになっている。いや、行動するだけではない。美穂の岬では、赤の他人にされてしまった。

美穂の岬で、オオナムチは、波頭を小さな舟で伝ってやってくる変てこな神に出会った。だれも名前を知らないという。案山子《かかし》に聞いてやっと「スクナヒコナ」だと分かる。細かくみると、この場面、オオナムチは「大国主神」の名で出ていた。美穂の岬にいたのはオオナムチではなく、オオクニヌシだったのだ。王になった後だから、それでいいのだが、オオクニヌシの前身はオオナムチである。そのオオクニヌシが、スクナヒコナを知らないはずはない。

古事記は、オオナムチの話を詳しく載せる。イナバのシロ兎の話は、古事記にしかなかった。しかも、それから始まって根の堅州国の話まで、すべて古事記に独自な神話なのである。

その間ずっと、オオナムチは一人で行動する。

オオナムチは、民間では、スクナヒコナがいなければ一人歩きできない存在だ。一人で行動する古事記のオオナムチは、意味をなくした神である。オオナムチは民間の神から、国家の神に変化した。地上世界を作り上げて、天つ神に譲り渡す。そのために作られた神だった。民間神話の姿を払拭《ふっしょく》するために、スクナヒコナから、分離しなければならなかった。

「日本」神話の制作者は、オオナムチをスクナヒコナから分離することで、アマテラスの権威を高めようとする。すなわち、オオナムチの存在を無意味化することで、アマテラスの権力を確立しようとした。このように、解体と別なものへの編成を、一石二鳥的にねらったのが古事記のストーリーということになる。

素兎はなぜ、失敗する?

オオナムチの物語は、素兎の話に終わらない。手間《てま》の山で、赤く熱した岩につぶされて死ぬ話、紀伊の国に避難し、そこからスサノオのいる根の堅州国に行く話。これらは、一連の話になっている。日本書紀には、これらが全部ないのである。

イナバの素兎が白色の兎でないことについては、すでに触れた。オオナムチは十歳くらいでなければならないことも述べた。しかし、まだ触れていないことがある。兎は、なぜ、ワニの背中を跳んで陸地に着くのに失敗するのかということだ。

兎とワニの話は、東南アジア近辺によくある話型である。昔から類話が報告されている。兎は地方地方で、鹿《しか》や鼠《ねずみ》・猿になったり、すばしこい陸棲《りくせい》の動物なら種類は問わない。ワニも日本では鮫《さめ》だが、こちらも、水棲《すいせい》の巨大生物であれば、何でもいい。陸棲のほうは、機転がきいてすばしっこく、水棲は、愚鈍で図体《ずうたい》だけがデカイ生物。

この図式の話が、古事記の素兎の下地になっているのは、一目瞭然《いちもくりようぜん》である。類話は、南方系の神話とされている。人口に膾炙《かいしや》した話だけに、いくつか切り口がある。

主題は智恵《ちえ》の勝利である。体の小さな陸の動物が、機転をきかせて、窮地を脱する痛快な話。庶民に親しまれやすい智恵を誉めた説話である。

ところが、古事記の話はそうなっていない。兎は、智恵をはたらかせて窮地を脱しようとするが、最後のワニにひっ捕らえられて、丸裸にされてしまう。それで、素兎になってしまう。素兎の智恵は悪智恵で、結局、身を滅ぼす。智恵の讃美が、悪智恵の警告に変わっているわけである。

兎が失敗するパターンは、韓国で一例だけ発見されている。ただし、現地付近には他の発見例がなく、孤立した伝承であることから、植民地時代に逆輸入されたともみられている。

これまで、兎がしくじることについては、以下のように説明されてきた。もし話型の通り、兎が成功すれば、オオナムチはただの通行人になってしまう。丸裸の兎を救ったのは、オオナムチの医療知識だった。

古代では医療は魔術だ。オオナムチは小さいころからマジシャンの資質があったことになる。マジシャンは王の重要な資格。これが話の眼目で、主役は、あくまでもオオナムチだ。兎が何事もなく陸地へ渡ってしまえば、主役の出番がなくなってしまう。そのため、兎はしくじる必要があったのだ。

イニシエーションの儀礼

古代の説話に圧倒的な影響を与えたのは、通過儀礼である。通過儀礼はイニシエーションともいう。オオナムチが王になる話の骨格は、通過儀礼に支えられている。

通過儀礼とは、ある段階から別の段階に進むときに行われる儀礼だ。たとえば、子供から大人、青年から老年、人間から英雄、ただの女性から巫女。古代人は、ある段階から別の段階への移行を、連続的に捉えるのではなく、断絶があると考えた。

典型例が、子供から大人になるばあいだ。この通過儀礼は、成年式と呼ばれている。今でいう成人式だが、ずいぶんと様相が異なる。まず、長老らが村のはずれに、成年になる若者を集め、大人になるための訓示をたれる。そして、若者らにきびしい試練を与える。たとえば、能力を超えた狩りをさせたり、崖《がけ》から飛び降りたり、飲まず食わずで山中を彷徨《さまよ》ったり、体に傷をつけたりする。

もちろん儀礼的な行為だが、死傷者が出るほど真に迫っているらしい。儀式が終わると新しい名前がつけられ、親元から離れて、一ヵ所に寝泊まりして過ごすことが多いという。儀式を通過すると、もう大人だ。

通過儀礼は死と再生の儀礼である。儀式には二重の意味がある。一つは子供として死ぬこと。もう一つは、大人としてよみがえることである。儀礼が死を招くほど過酷なのは、そのためである。ただ時間がふり積もって、大人に成長するのではない。子供は子供、大人は大人で独立し、完結した世界なのだ。

死んでよみがえる話

オオナムチは死ねない神である。なぜなら、通過儀礼に支えられている神だからである。通過儀礼を成り立たせている世界観は、死と生がおなじであるような考え方である。これは、古代的な思考様式といっていいだろう。

イザナミが火の神を生んで「神避《かむさ》る」のは、人でいえば死ぬこと。しかし「神避り」は死と同義ではない。イザナミは、去って黄泉の国に行く。腐乱していたが、イザナキと絶縁のいい合いをする。死者が生きているわけだ。アマテラスも、岩屋戸に籠もって、いなくなる。しかし、ふたたびあらわれると、前よりも強い神になって再生する。神々には死ぬということがない。死は、よみがえりだった。

こういう観念は、脱皮にもいえる。脱皮という現象は、神聖なこととして受けとめられた。古代人が神聖視していたのは、脱皮する動物である。とくに蛇は好まれ、地霊のシンボルとして世界中で信仰されている。

蛇が広く好まれたのは、古代人がこの動物を愛玩《あいがん》したからではない。この動物が嫌いなゆえに好まれたのだ。蛇は変な生き物。生命力の象徴で、底知れないパワーをもっていた。スサノオの大蛇退治神話も、そのような古代信仰の一つとしてみることができる。スサノオを通して、記紀の世界に原始的なパワーが注がれるわけである。

死と再生が、よくあらわされているのはオオナムチだ。素兎の話が終わるとすぐに、八十《やそ》神《がみ》は彼を手間の山に誘い、山頂から猪《いのしし》に似せた大きな焼け石を落とす。猪と勘違いして飛びついたオオナムチは、下敷きになって焼け死んでしまう。しかし、すぐに貝の女神が生き返らせる。

すると、ここでオオナムチは「麗《うる》はしき壮夫《おとこ》」になる。「壮夫」にはわざわざ「袁等古《おとこ》」と訓の注がついている。これは、オノコと誤らないためである。古代、オトコは大人の正式な言い方で、男子一般を指すことばはオノコだった。古事記は、ここでオオナムチの成人をいうわけである。それで、素兎を助けたときは、兄弟から仲間に入れてもらえない子供だったことが分かる。

さらに、兄弟たちのいじめを避けようとしたところ、八十神がわなを作ってオオナムチを殺す。すると母がわなを壊して、生き返らせる。オオナムチはよみがえって、スサノオのいる「根の堅州国」にいく。しかし、そこでもおなじような目に遇《あ》う。

何度もオオナムチが死ぬのは、その都度、再生するからである。よみがえるたびに、オオナムチは成長している。背後に通過儀礼を控えているから、可能になったストーリーだ。

はじめの手間山での生と死は、成年式。これは、人間ならだれでも経験する儀礼である。さらに、オオナムチは木の根元から根の堅州国に向かう。そこにはスサノオがいて、蛇やムカデの部屋に入れられたり、野焼きで危うく鼠穴に落っこちて難を逃れたり、七転八倒の体験をする。

スサノオはオオナムチを助けるどころか、八十神にも勝るいじめをする。オオナムチが体験している行為は、試練である。オオナムチはあちこちで何種類もの通過儀礼を受けている。この神は通過儀礼の象徴である。通過儀礼には、古代的な生成観がよくあらわれている。

生命の活動に始まった「日本」神話は、生命活動の具体的なあらわれである成長の過程を、オオナムチの神話で語る。古代的な死生観を、オオナムチ一人に負わせるわけである。通過儀礼は、失われた古代の成長メカニズムだ。オオナムチは、内部にその装置をつけて登場する。だから、彼は古事記の物語のなかで不死身なのである。

根の堅州国から脱出する

オオナムチは根の堅州国で、奇妙な体験をする。野に火をつけられたときは、さすがにスサノオの娘でオオナムチと結ばれるスセリ姫も、あきらめて葬式の支度をする。が、鼠穴に救われてオオナムチが帰ってくると、休みなくスサノオはオオナムチに頭の掃除をいいつける。オオナムチは、すやすや寝ているスサノオを柱に縛り付けて、根の堅州国を脱出する。

オオナムチは、根の堅州国でも生と死をくり返す。スサノオの役割は、八十神のそれとひとしく、オオナムチに試練を課する側にいる。オオナムチは試練で変身する。

しかし、「何のために?」。

彼は王に変身するのだ。根の堅州国でのオオナムチの通過儀礼は、王になるための儀礼、つまり即位式のようなものだ。奈良時代になると即位式といえば、新穀の献上から始まって諸国の芸能の奉納まで、三〜四日に及ぶ。しかし、もともとはごく素朴なものだった。とくに大切なのは、祖霊の世界へ行くことである。

王になるには根の国に行って、祖霊から承認されなければならない。祖霊のお墨付きが、王になるもっとも重要な資格だった。根の堅州国の神話には、そのような意味がある。オオナムチはスサノオによる承認を受けなければならなかった。

しかし物語のなかで、オオナムチは、逃げるように根の堅州国から脱出する。この場面で使われているのが、別世界を行き来する異郷訪問型の話型だ。決まりきった話だが、うまく使われている。行くときはいやいや行き、帰りは自分の意志で出る。別世界は無意識の領域だから、気づかないうちに行ってしまうのだ。すでに第Ⅲ章で取りあげた黄泉の話でも、イザナキは望んで死者の国へ行ったわけではないのだし、第Ⅷ章で取りあげる海神の宮の話も、そうなっている。

異郷訪問説話は、主人公の変身を語る。王になるのは、ふつうの存在でなくなること。この話型にはぴったりだ。一方、スサノオは、駄々をこねて自分から望んで根の堅州国を選んだ。そのため追放されてしまう。自分から望んで別世界を求めると、異郷に閉じこめられる。これも法則だ。スサノオは、永遠に根の堅州国の神になるのである。

地上の王

オオナムチは、地上の王になる。いつまでも、スサノオの出すテストを受けてもいられない。そこで、もう一つの話型が使われる。相手の親が出す難問をクリアして娘と結婚する難《なん》題婿《だいむこ》型の話だ。娘をオオナムチにくれてやるかわりに、スサノオは難題を出す。求婚者は、それをうまく解決しなければならない。

この話を通して、オオナムチには、自力で王位を奪い取る勇ましい若者という面が加味される。それと対照的に、スサノオのみじめさがクローズアップされるわけである。スサノオは、娘も何もかも取られて、根の堅州国に取り残されるあわれな老人になる。根の堅州国は、オオナムチに試練を与えるだけではない。スサノオがオオナムチに乗り越えられていく場所でもあった。

芥川の小説『老いたる素戔嗚尊』では、スサノオは、去っていくオオナムチに「地上の王になれ」とあわれっぽい祝福のことばを発する。スサノオは、時代に取り残される旧世界の象徴だった。勝ちほこったオオナムチは、地上の王になる。新旧の王の交替が、根の堅州国を舞台にして起こっていたのだ。

悪王の系譜

さて、こうして、オオナムチは地上の王となる。いよいよ、オオクニヌシを名のる神の登場だ。

地上は、もともと、根の国に根拠をもっていた。オオナムチは、スサノオのことばに祝福されて地上の王となった。けれども、根の国は片隅に追いやられており、スサノオの力も衰えた。根の国の力は半分になった。もう半分は、オオナムチが自力で奪い取ったものである。地上世界では、いまや根の国の権威は失われ、マイナスの価値しかもっていない。根の国から意味づけられていたいろいろな権威、とりわけ国土や稲作の由来など、生活の根幹にかかわる権威は、高天の原に移っている。

そのいい例が、オオナムチ自身である。いまや、オオナムチは地上の王であっても、だれからも讃美されない悪の王となってしまった。かつて、この神はスクナヒコナによって意味づけられ、スクナヒコナとペアになることで活動したが、古事記では、オオナムチはいつも単独で行動し、一人っきりで死んだり生き返ったりしている。日本書紀や古事記は、オオナムチを、悪王に作り直すために書かれているのだ。

さて、新しく作り出されるオオクニヌシの世界は、やはり、それ自体で成り立たないようにできている。「中つ国」である地上世界の「中」は、天上世界の「上」から意味を受け取らないかぎり、無意味であるという構造が成り立っているのだ。

オオクニヌシは天上から意味づけられるとき、単に悪の頭領にすぎない。

新しい神話では、地上世界の根源の映像は葦原だ。葦原は豊穣と未開の地で、はじまりのシンボルである。それが「中つ国」化することで、始原性は豊穣と不毛に分裂し、「中つ国」は不安定になる。天上界と地下界のあいだに位置し、いつも意味づけを求めている。「中つ国」は完成すればするほど、不安定になるのだ。この不安定さをなくすために豊穣と不毛とに二分すると、「中つ国」は出雲と日向の両極に分かれてしまう。

出雲は、葦原の中つ国の否定的な側面を集約する。その王がオオクニヌシだった。オオクニヌシは、天上世界の視線を浴びたとき、否定されるべき神の筆頭にくる。そして、子孫たちは、先天的に、悪の系譜に連なっているのである。

神語りの歌

古事記は、オオクニヌシの国作りに触れてから、長大な歌謡を載せる。オオクニヌシはヤチホコの神として登場する。古事記には歌は四首掲げられているが、日本書紀には一首もない。ひっくるめて神語り歌といわれる。一首目を途中まで引いてみよう。

やちほこの　かみのみことは（八千矛の　神の命は）
やしまぐに　つままきかねて（八島国　妻枕きかねて）
とほとほし　こしのくにに（遠遠し　高志の国に）

さかしめを　ありときかして（賢し女を　ありと聞かして）
くはしめを　ありときこして（麗し女を　ありと聞こして）
さよばひに　ありたたし（さ婚ひに　あり立たし）
よばひに　ありかよはせ（婚ひに　あり通はせ）
たちがをも　いまだとかずて（太刀が緒も　いまだ解かずて）

（八矛の神さまは、八島国には妻を探せなくて、遠い越の国に賢くて綺麗《きれい》な女がいるとお聞きになって通ってきたが、太刀のひもも解かないうちに……）

そもそも、古事記は歌謡を重視する。古事記に登場する歌謡は主に人物の感情面を描写し、古事記のキャラクターたちの内面を深めてきた。とはいえ、上巻は神々の話だ。神々の物語を感情面から読む滑稽《こっけい》さは、すでに指摘している。

詳しいことは不明だが、記紀の歌は、雅楽寮《ががくりょう》などに集められた芸能から取ったらしい。新作した歌もあろうが、大部分は宮廷の儀式などで奏上されたと思われる。神語り歌もそうである。

四首の神語り歌は、いずれも演技的で芝居がかっており、歌謡としてはかなり手の込んだ作品である。即位式など、重要な儀式で演奏された芸能らしい。相当に高度なわざをマスターした芸能者がかかわったと思われる。

はじめの二首は、ヤチホコとヌナカワ姫との歌。引用した一首目はヌナカワ姫が、よばいに手こずっているヤチホコの様子を歌い、ヤチホコが、朝になったので翌日に通ってくる約束をする。三首目は正妻であるスセリ姫の歌。ヤチホコが衣装選びをして、出かける支度をするが、スセリ姫の嫉妬を思い、出発を思いとどまる。姫は、夫をなだめすかす歌で収める。めでたしめでたしである。

これら四首は、大嘗祭《だいじょうさい》の宴会で演じられたとみられている。歌舞所《うたまいどころ》などに保管されていた歌詞が利用されたのだろう。

宴会で歌われた歌が、なぜ、オオクニヌシが王に即位し、女たちと歌を交わす場面に利用されたか。

ヌナカワ姫に通う話では、たくさんの矛を身につけたいかつい武人が、色恋沙汰《ざた》でしくじる落差を、滑稽に演じる。スセリ姫は、夫の浮気を許さないねたみ深い女だ。しかし、ついには夫婦円満にもっていく。要するに、聖婚である。王の恋愛は、後継者をえる神聖な行為だったから、このようなテーマの歌が選ばれたのだ。

宴会での映像

王の役目というのは、つきつめれば、立派に国を治めることと、子孫を残すことの二つしかない。国を治めるのは、政治の話になるが、子孫を残すのは、恋愛や結婚の話だ。「即位―結婚」は、王の物語に不可欠のモチーフなのである。

それまでオオナムチが王となるための通過儀礼で展開してきた話が、いきなりヤチホコの歌になる。この凸凹から、古事記はいい加減な作りになっていると思ったら大まちがいだ。求婚の話が即位の次にくる理由はちゃんとある。

ただし、ありあわせのものでまかなうのが古事記的である。それには、宴会で用いた芸能を利用するのがぴったりだ。なぜなら、オオクニヌシが地上を治めるのは一時的で、そのうち天孫に国を譲り渡す存在だからだ。聖婚の話は「あまりまじめじゃないほうがいい」と思うのは自然である。

まじめに語るより、宴席のくだけた雰囲気のほうが、この場面にふさわしいのだ。あまりオオクニヌシに権威をもたせるのも考えものである。ハレをケに戻すのが宴会だ。秩序はひっくり返され、ヤチホコに名を借りたオオナムチはみなから茶化《ちゃか》される。彼は、喝采《かっさい》を浴びて登場し、ドタバタ劇の主役を演じる。

よばいにドジを踏んだ間抜けな王様。それがヤチホコの与える映像だ。

このイメージは、大嘗祭の芸能からきているのは、芸能で演じられたヤチホコのイメージを壊さないためだった。古事記が歌の表現を取っているのは、芸能で演じられたヤチホコのイメージを壊さないためだった。あえて文脈が凸凹になったのには、積極的なねらいがあったのだ。

オオクニヌシの国作り

神語りで結婚を語ったあと、スクナヒコナの話があり、三輪山《みわやま》の話が続く。前段では、オオクニヌシとスクナヒコナがコンビを組んで国作りを行い、途中でスクナヒコナは常世に去る。後段では、海を照らしながら神がやってきて、自分をきちんと祭れば、国は無事に治まるといった。この神は「御諸山《みもろやま》」(三輪山)の神、つまり、オオモノヌシだという。

これまでの注釈書は、この部分を扱いかねている。「御諸山」が三輪山を指しているのは分かるが、なぜ、スクナヒコナの後に三輪山の話があるのか。なぜ、オオモノヌシが出てくるのか。

なかにはこの段落自体を、スクナヒコナの神話にしてしまう読み方もある。しかし、それは段落の半分。あとの半分は、三輪山の話になっている。制作者は、二つ合わせて一つの話にしたいのだ。前段でスクナヒコナを語り、後段で三輪山の神をいう。合わせて一つになるのは、どちらも、国作りの神だからである。

スクナヒコナとオオモノヌシでは、性格がちがう。スクナヒコナは地方神で、オオモノヌシは、朝廷お膝元《ひざもと》の畿内《きない》大和の神。スクナヒコナがオオナムチとコンビを組むこと、オオモノヌシは三輪山に祭られていること。これらは古くからあるしきたりで、広く知られていたことだった。

ところが古事記では、スクナヒコナがオオナムチとコンビを組むようになったのは、カムムスヒの命令であり、オオモノヌシが三輪山に祭られるようになったのも、オオクニヌシによってというようになる。こうして、オオクニヌシは国作りをした神になる。

これらの話には、古い祭祀形態を意味づけ直すねらいがあったのだ。これで、スクナヒコナもオオモノヌシも、オオクニヌシによる意味づけによって存在する神になった。意味づけ直しこそ、オオクニヌシの国作りの本質である。意味づけ直しとは「解体・編成」だ。オオナムチ・スクナヒコナのコンビを解体することが、同時にオオクニヌシを作り上げることだった。

「日本」神話は、ゼロから作られたのではない。それまであったものが、新しい基準で作り直された。リニューアルされたのだ。大きな特徴は、古いものが捨て去られずに残っていること。しかし解編され、古い基準は、ネガティブに意味づけ直されている。

オオクニヌシの国作りも、その流れのなかで行われる。オオモノヌシを祭ることで完了する国作りは、古い祭祀の形態だ。三輪山の神は国つ神である。新しい王権は、天つ神を祭らなければならない。古い祭祀を、オオクニヌシの国作りに集約し、貶めるのである。

ストーリー性の意味

「稲葉の素兎→手間山→木の国→根の堅州国→ヤチホコ神の歌→国作り」は、長い一連の物語である。オオナムチの子供のときから始まって、大人になり、成長して王になる。王になって結婚し、国作りをして、子孫が繁栄する。

この一連の話が、ごっそり日本書紀にはない。なぜだろうか。書紀は民間神話に興味がなかったからという理由は成り立たない。なぜなら、古事記のほうがもっと民間神話に関心がなかったからだ。右にあげた一連のモチーフは、民間のストーリーではなかった。すべて、古事記が新しく作り出した話である。古事記で作り出したストーリーだから日本書紀にはないのである。

なぜ、作り出したか。民間になかったからである。古い話らしく装っても、実際は新しい。その物語のなかで、オオクニヌシは誕生する。ストーリーはキャラクターを作り上げるために機能する。古事記の強いストーリー性は、民間の話には出てこない新しいキャラクターを育てる役目もあるのだ。

古事記は、どこかにあったストーリーを語るのではない。新しい登場人物を作るために、ストーリーを必要としている。登場人物を意味づけるために、ストーリーがある。物語のなかで、キャラクターが作られるわけである。

あらためて、なぜ、オオクニヌシというキャラクターを作り出す必要があったのか考えてみる。それは、民間にポピュラーなオオナムチ・スクナヒコナのコンビを解消し、「日本」にふさわしい国土生成の神を必要としたからだ。しかも、その神はアマテラス大神に国土を譲り渡すような従順な神でなければならなかった。

第Ⅵ章　アメノワカヒコ・タケミナカタ——裏切りと敗北

古事記は文学？

この章では、オオクニヌシによる国譲りの神話を取りあげる。注目するのは、高天の原から遣わされるアメノワカヒコとタケミナカタ。どちらもあまり知られていない。一人は悪役で、一人は追加された神だ。どちらも話はおもしろい。話のおもしろさだけで評価するなら、もっと知名度は高くてよいかもしれない。

古事記は、歴史とかかわっているらしい。前章では、ストーリー性の問題を先走りさせて、まるで古事記が虚構作品であるかのような話をした。確かに、事実だけを書き並べるのを歴史と呼ぶなら、古事記はちっとも歴史ではない。虚構の出来事を書いている点では、物語や説話とおなじである。

しかし、コトはそう単純ではない。歴史書は、事実の羅列などではないからである。出来事は、意味づけられてはじめて事実になる。起こったことが、そのまま事実ではない。何が起こったかは、意味づけられないうちは、だれにも分からないのだ。しかし、意味づけを行うことなら、古事記だってちゃんとしているのである。

虚構と事実

記紀が伝える国譲りの神話は、虚構である。アメノワカヒコもタケミナカタも、虚構といえば、虚構。しかし、虚構のための虚構ではない。単なるウソの話ではないのだ。

アマテラスとスサノオは、それぞれ、高天の原と根の堅州国の神となる。別々に独立してしまうと、物語は、分裂する危険性をはらむことになる。スサノオの子孫であるオオクニヌシは、地上の支配者になり、わがもの顔に振る舞う。オオクニヌシの一族は、高天の原にとって危険な存在となる。

オオクニヌシの始祖はスサノオだ。しかし、アマテラスに敗北した神である。彼の治める根の国は、片隅に追いやられ、スサノオ自身もあちこちで追放される。それにくらべて高天の原の優位さは確実だ。高天の原の権力を、バックボーンにすれば、何も恐れることはない。

そういうわけで、天上に君臨するアマテラス大神が前面に出てくるのが、国譲りの段である。アマテラスの権威によって、地上を牛耳るオオクニヌシの支配権を奪うのが、国譲り神話のストーリー上のねらいである。このストーリーは、歴史に深くかかわっている。虚構といえばまったくの虚構だが、現実に流れている歴史が、そのような構造で成り立っているのだ。

古事記の物語は、事実を積み重ねてできた話ではない。これから起きることを語った。過ぎ去った出来事を書き残したものではなく、出来事が起こる仕組みを描いたのである。それがストーリーだ。

物語のはたらき

国譲りの話は、オオクニヌシに国を譲らせる使者を、だれにするかで始まる。まず、アメノホヒが選ばれる。しかし、この神はオオクニヌシに媚《こ》びついて、三年経っても復命しなかった。次に抜擢されたのはアメノワカヒコ。ところが、この神は葦原の中つ国を自分のものにしようとたくらんで、オオクニヌシの娘と結婚し、八年経っても復命しなかった。

最後に出てくるのはタケミカズチだ。この神は剣の神。武力でオオクニヌシに迫る。オオクニヌシは、息子のコトシロヌシとタケミナカタが承諾したので、天つ神に地上を譲り渡す。

こうして、葦原の中つ国はホノニニギが治める世界になる。国を譲ったオオクニヌシは、その後、出雲大社に祭られた。

代々の天皇は、アマテラスの孫であるホノニニギの子孫になる。ホノニニギの天降りは、この国を、天皇が次々に治める根本的な由来にもなっている。歴代の天皇は、神話に根拠を置いて国土を統治するわけだ。

オオクニヌシは、いっぺんに服従したのではない。天つ神の目的は二度、挫折《ざせつ》する。三度目に、ようやくタケミカズチを使者に立てて成功する。復命しない年数も、三年、八年と漸次、増加している。平定は困難な事業だった。終わりに登場するタケミカズチの役割が、いっそう増すわけだ。

こういったストーリー上の経緯は、何をいおうとしているか。平定にかかる時間がしだいに長くなるのは、お決まりの説話的な手法だ。そこから三度目の正直という教訓を、素直に受け取ってもいいが、これが、制作者の本当の意図ではない。ありきたりの話は、あるモチーフを隠すために作られている。

物語上の出来事、つまりストーリーは、注意して読まなければならない。話のおもしろさに気を取られると、本当のモチーフを捉えそこなうことがあるからだ。真に歴史的なのは、物語上の出来事ではなく、それを起こす仕組みである。

なぜなら、仕組みが出来事を意味づけるからである。物語上の出来事は、ストーリーを成り立たせている理由だ。ふつうの見方では、物語と歴史は対立する。わたしたちは、物語はウソ、歴史はホントという区別意識をもっている。ところが古事記のばあい、ウソをウソなりに意味づける仕組みがあるのだ。

ストーリーのもと

最初に派遣されるアメノホヒという神は、出雲国造《くにのみやつこ》の祖先神だ。これは、周知の事実。国造とは神主のようなもので、重要な仕事は地域の守護神を祭ることだった。土地を支配することで、人を服属させる。古代的な祭政だ。

アメノホヒは出雲国造の祖先神だから、当然、歴代の出雲国造からは、祭られる存在である。しかしその仕事といえば、オオクニヌシを祭ることだ。ということは、もともとアメノホヒ自身も、オオクニヌシを祭る側にいるわけだ。

原文でも、アメノホヒは、オオクニヌシに「媚び附きて」復命しなかったとある。これは当然だ。祭ることとは、酒や新穀を供え、歌舞芸能でなだめ、手篤《てあつ》くもてなすことなのだから。アメノホヒの仕事は、見方を変えれば、オオクニヌシに媚びつくことにほかならなかったのである。アメノホヒは、自分の仕事を忠実にこなしたにすぎない。ただ、それでは何年経っても平定にはならないのだ。

媚びつくのは、力量不足というよりも、アメノホヒという神のあり方そのものだった。それが、物語のなかでは、平定できなかったという意味になっている。神のあり方をストーリーにして、物語ができているわけである。

ストーリーの大もとになっている話をちょっと変えるだけで、話は歴史的現実にもなり、虚構にもなる。

ストーリーはウソの話だが、もとになっているのはホントだ。アメノホヒの物語は、虚構と現実が、こころにくいばかり巧みに使われている。

アメノホヒの物語は、まだ序の口かもしれない。ストーリーのもとがたどれるからだ。アメノワカヒコの話になると、ストーリーの大もとまでたどり着くのが大変である。

裏切り者のレッテル

アメノワカヒコは裏切り者だ。記紀神話中、最大の悪役である。スサノオは愛嬌《あいきょう》のある悪役で、暴れん坊だが、変に人気がある。もし人気投票でもしたら、たぶんアマテラスを抜いて一位になるだろう。スサノオがいなければ、「日本」神話は成り立たない。

ところがおなじ悪役でも、食えない悪役がアメノワカヒコ。記紀神話のキャラクターのなかでも、おそらくもっとも人気がない。

それは、この神が裏切り者だからだ。悪賢い神である。葦原の中つ国に派遣された使者のくせに、中つ国を横取りして自分が王になろうとした。オオクニヌシの娘と結婚して婿入りし、権力を譲り受けようと目論んだ。

そういうわけで、アメノワカヒコは、アメノホヒとはまったくちがったキャラクターである。アメノホヒが失敗したのは、単なる力不足。しかし、アメノワカヒコは許せない。なにせ古今東西、「裏切り者には死を！」というのが鉄則だ。アメノワカヒコも死の話を含んでいる。

名前だって、蔑視をこめた言い方になっている。「アメノ─」も「─ワカヒコ」も誉めことばであるが、語尾に「─神」も「─命」もつかないのは、この神だけだ。記紀の制作者も、アメノワカヒコには好意を抱かなかったのだろう。

そもそも、古事記のキャラクターは数が多い。これまで出てきた神々は、存外、表情が豊富である。

イザナキ・イザナミ
アマテラス・スサノオ
オオナムチ（オオクニヌシ）・スクナヒコナ
アメノホヒ・アメノワカヒコ

それぞれに、個性的だ。これにタカミムスヒ、ホノニニギ、ホホデミ、ホオリなどを加えると、「日本」神話のキャラクターが、ほぼ出そろう。記紀神話の神々が個性的なのは、民間神話や古い神話が、解体・編成されたからである。スサノオなどは、ゆがみの最たるものだ。

それでは、アメノワカヒコはどうか。

「そんな神、いたっけ?」と首をかしげるくらい、無名の神だ。しかも、華麗な名前なのに、裏切り者のレッテルを貼《は》られてしまった。

ところが、そのわりには飾りの部分が豊富で、まるで説話の宝庫である。まず「ニムロットの矢」という世界的な話型が用いられている。それに死と葬儀、その後の人違いの話など、古代の説話としては、取りあげるべきものが多い。しかしいちばん興味深いのは、名前そのものだ。

アメノホヒのばあい、この神がオオクニヌシに媚びついた理由は、素性を洗えば分かった。しかし、アメノワカヒコについては、肝心の素性がさっぱり分からない。平安時代の「天若《あめわか》御子命《みこのみこと》」に同一視する人もいる。「天若御子命」は音楽の名手で、名の知れたプレイボーイだった。ところが記紀のアメノワカヒコとは、なかなか接点が見出せない。「天若御子」には、裏切り者の臭《にお》いが全然しないのである。琴の名人と裏切り行為は、何のつながりもない。裏切りをしないアメノワカヒコなどは、考えられない。二人は無関係のようだ。「天若御子」からすれば、それこそ濡れ衣である。

また、日本中、どこにもこの神を祭る神社がないことも素性探しを困難にしている。二、三あったとしても、明らかに記紀の影響だ。アメノワカヒコには、在地性や伝承性がまったく感じられないのである。机上で作られたと考えるのが順当なところだ。

本当に、この神は机上の存在なのか。何かモデルでもなかったのだろうか。アメノホヒのように実際に信仰されている神ならば、そちらに目を向ける手がある。しかし、アメノワカヒコにはそれも適用できない。したがって、ストーリーのなかで考えるしかないのである。

物語への疑問

話のあら筋はこうだ。

アメノワカヒコは命令を破って、八年間も復命しなかった。そこでアマテラスは、雉《きじ》の神を探りにやらせる。アメノワカヒコは「うるさい神がやってきた」といって、射殺してしまう。勢いあまって、矢が高天の原まで届くと、タカミムスヒは、「もし、アメノワカヒコが邪心を抱いているのなら、この矢に当たって死ね」と呪《のろ》いをかけて射返した。

すると、アメノワカヒコは、投げ返された矢に当たって死んでしまう。葬儀が行われ、弔いに来たアジシキタカヒコネが、アメノワカヒコの父親にアメノワカヒコと見まちがえられ、怒って喪屋《もや》を蹴飛《けと》ばしてしまう。吹っ飛んでいったのが、美濃の藍見《あいみ》の喪山《もやま》だという。

かなり長い話だ。骨格を作っているのは、まず「ニムロットの矢」型の話である。旧約聖書『創世記』にも名前の出てくるニムロットは、メソポタミア地方の勇者。天に向けて矢を放ったら、その矢が返ってきて自分を射てしまったという。似た話が『史記』にもある。世界的に好まれた話型で、日本にもあることは、古くから指摘されていた。記紀には、アメノワカヒコが「返し矢」で死ぬ話として記載されている。

これをもとにして、記紀の物語は成り立っている。重要なテーマは、処刑の話である。あまり好まれる話題ではない。

しかしながら記紀ではアメノワカヒコの死が、良心の呵責《かしやく》ぬきに語られている。必要以上に、アメノワカヒコを悪玉にもしていない。扱っているテーマのわりに、からっとした話である。そのため、これが、罪と罰をあつかった過酷なテーマであることに気づかない研究者もいる。

話は、自然な流れだ。しかし、ここにアジシキタカヒコネが出てくるのはなぜなのか。ストーリー的には、アメノワカヒコとアジシキタカヒコネは、身内でもまちがうほど、よく似ていたという。本当にその通りだったのだろう。でも「なぜ、そんなに似ていたの？」。なるほど、まっとうな疑問だ。アメノワカヒコの物語は大がかりなだけに、叩《たた》けば疑問点も多い。しかし、大きくみれば次の二つになる。

①アメノワカヒコの素性は？

②アジシキタカヒコネが出てくる理由は？

物語のヤマ場を二つくらいにしぼる。すると、ようやく話の裏が見えてくる。

殺される王

アメノワカヒコの死については議論があって、この話は「王殺し」ではないかとする説がある。殺される王の話は、フレーザーの『金枝篇《きんしへん》』で有名だが、衰えた王は殺されてよみがえらなければならない。この見方によれば、アメノワカヒコの死は、血塗られた祭儀に根ざすことになる。神聖さの裏にある残虐な信仰だ。それが古代の世界だった。

アメノワカヒコの死が、殺される王の話なのであればショッキングである。著名な民族学者の説だが、残念ながらしたがえない。

なぜなら、この説はアメノワカヒコが返し矢を受けた「朝床《あさどこ》」を、穀霊が儀礼的に横たわる床と理解するからだ。「王殺し」説を成り立たせるためには、アメノワカヒコが神霊的存在である必要がある。そのため、「朝床」を聖なるものと考える。確かにトコは神聖な台を指す。しかし、「朝床」は統治者の座る場所である。アメノワカヒコがそこにいたのは、この神が下界で王者ぶって君臨していた証拠であり、神聖な台だからではない。アメノワカヒコは、穀霊として死ぬのではない。裏切り者として死ぬのである。この神にかぎって、尊称ぬきで呼ばれるのは、それが原因だ。アメノワカヒコのストーリーは、「裏切り者には死を！」で構成されている話である。

見えない筋

それでは、どうしてアメノワカヒコは素性がたどれないのだろうか。事実としていえるのは、この神には伝承的な臭いがどこにもしないことだ。王殺しの迷信とも無縁。この神を祭る社もないし、いくら裏を探っても、何も出てこない。

もしそうなら、アメノワカヒコはまったくの虚構である。とうとう「日本」神話は、完全な虚構を作るまでになったのだろうか。考えてみれば、虚構性は古事記にもともとそなわっていた。もし、アメノワカヒコの話が虚構ならば、ストーリーそのもので理解するしかないわけである。

アメノワカヒコが死ぬと、葬儀が行われる。雁《かり》や鷺《さぎ》・カワセミなど、いろいろな鳥が死者を埋葬する儀礼に出てくる。鳥は空を飛ぶ。そこから古代的な信仰では、異空間の霊界を往復すると思われていた。世界中に共通する人類の信仰とみていい。

古事記には、「日八日夜八夜《ひやかよやよ》を遊びき」とある。アソビは平安時代には宴会や管弦をすることだったが、奈良時代にさかのぼると、祭儀などの非日常なことをする行為である。ここでは葬儀を指す。歌舞飲食がもたらす異様な世界で、死者はよみがえり、霊魂の世界に旅立つ。そのように信じられていた。

アメノワカヒコの葬儀は、まるで鳥に扮《ふん》した演者が執り行う儀礼のように、芝居がかっている。儒教や仏教が伝わる前の、土俗的で原始的な葬送の儀礼を示しているといわれる。信仰上で期待されるのは、死者のよみがえりだ。この世の死は、あの世に生き返るためである。死者の霊魂は祖霊となって、もう一つの世界で生きる。

アメノワカヒコの話を外面的に読めば、死んだから埋葬されるという物理的な因果関係しかない。しかし内面的に読めば、よみがえったから見まちがえるという裏のストーリーがみえてくる。アジシキタカヒコネを、肉親でも見まちがえたというストーリーが成り立つのは、そこが、アメノワカヒコの復活する場面にあたっているからだ。

失われない筋

葬儀の効果があって、アメノワカヒコは復活した。ちょうどそこへ、アジシキタカヒコネが顔を出したのだ。

肉親がアジシキタカヒコネをアメノワカヒコと見まちがえる理由は、葬儀の信仰でつなげてみると、ちゃんとつながっている。見まちがえの筋書きを成り立たせているのは、葬送だ。この場面で葬儀が行われるのは、ストーリー上、必然だったわけである。

このつながりは、わたしたちの眼には複雑に見えるが、まだ世界が多義的だった時代には、ごくありふれたことだった。むしろ、一義的なほうが珍しい。多義的なほうが、いろいろと代用が利くからだ。

アメノワカヒコは、いろいろ代用の利くキャラクターであるはずだったが、なにせ「裏切り者」である。あまり人気のない役柄だったので嫌われたようだ。しかし、筋は嫌われても、信仰は生きている。その信仰が、見えないストーリーを生み出している。人物は、見えない筋にあやつられているわけだ。

裏切り者の素性

アジシキタカヒコネがアメノワカヒコに見まちがえられてしまう理由は、アメノワカヒコの素性を探るうえで、大きなヒントになる。あるいは、答えそのものかもしれない。まず、答えを、先に述べておく。

答え①アジシキタカヒコネは、アメノワカヒコを作り出した神である。
答え②裏切り者のモデルは、アジシキタカヒコネだった。

アメノワカヒコを、アジシキタカヒコネと同体と取る見方がある。本書と微妙に重なり、少しちがう。この説では、アメノワカヒコを既存の神と見る。どこかの神社に祭られ、信仰の対象になっていたことを前提にした考え方である。しかし、アメノワカヒコは実体のない神である。

あえて実体といえば、アメノワカヒコの実体は、アジシキタカヒコネということになる。一方、アジシキタカヒコネは実体のある伝承的な神だった。

この神は「阿遅鉏高日子根《あじすきたかひこね》」ともいい、奈良県の高鴨《たかがも》神社（御所《ごせ》市）に祭られている農耕神だった。古事記では、オオクニヌシの子孫になっている。実体のある神として、有力な地方神だった。おまけに、朝廷のお膝元である大和だ。いちはやく、新参者のアマテラスに土地を譲った土着神だった。

このような神は、裏切り役としてぴったりである。土地を譲った国つ神であることが条件だ。表向き従順にしているが、内心では「本当はオレが王だ」と考えている。内心で「天下を奪ってやる」と思っているにちがいない。けれども、それをもろに出すと、圧倒的に優勢な天つ神にこっぴどくやられてしまう。

アジシキタカヒコネの心境は、察するところ、そのようだ。高天の原に帰順していながら、本心では、王位をねらっている。そのような潜在心理を集めたキャラクターが、アメノワカヒコなわけである。そっくりなのは外面ばかりではない。内面も、そっくりなのである。

しかし、ストーリーはそうなっていない。死人とまちがえられるのは、不吉なことといって、葬屋を蹴飛ばしてしまう。このストーリーは、自分は裏切り者のモデルでないことを、思いっきり主張している。アジシキタカヒコネは、アメノワカヒコと分離し決別している。

アジシキタカヒコネのストーリーは、新と旧の観念をごちゃごちゃに合わせてできている。肉親の見まちがえは古い観念にもとづくストーリー。それに怒って葬屋を蹴るのは、新しい観念を前面に出すストーリーである。アジシキタカヒコネの行動に、少し不自然さが残るが、葬屋を思い切り蹴飛ばすことで、アジシキタカヒコネは、自身が裏切り者でないことを証《あか》したわけである。

意図はうまくいった。だいたいの読み手は、まさか、アジシキタカヒコネが裏切り者のモデルだとは気づかないからだ。気がつかなくても、十分、楽しめる筋立てになっている。文句なく、おもしろい話なのである。

ストーリーの背後

古事記のストーリーは、二重にはたらくばあいがある。アメノワカヒコの物語はそのいい例である。とくに、葬儀から弔問にかけてのあたりがうまい。ストーリーが断絶しているようで、実は背後でつながっていた。

さて、ストーリーの背後ということであれば、アメノワカヒコと別の面をもつのがタケミナカタである。この神は、国譲りのいちばん最後に出てくる。まず、あら筋をみておくことにしよう。

アメノホヒとアメノワカヒコが失敗したあとに、地上世界を譲らせたのは、タケミカズチである。古事記では「建御雷神《たけみかずち》」と書かれている。東国と蝦夷《えぞ》の境界をまもる鹿島《かしま》神宮の祭神だ。代々、武神として名をとどろかしてきた。中臣《なかとみ》氏の氏神でもあり、タケミカズチには、宮廷の祭祀を担当していた中臣氏の影響がみられる。

オオクニヌシは自分で何も判断せず、子供のコトシロヌシとタケミナカタに判断をゆだねる。コトシロヌシは大和国の「鴨都波《かもつわ》神社」（御所市）に祭られている農耕神。タケミナカタは信濃の諏訪《すわ》大社の祭神だ。

オオクニヌシは何も判断せず、頭領らしく振る舞っているが、反面では、中身のない空っぽの神であることを示している。オオクニヌシの実体は、アジシキタカヒコネやコトシロヌシ・タケミナカタなど、土着の国つ神だった。それらの代表が、大神《おおみわ》神社に祭られている三輪山のオオモノヌシである。

オオモノヌシは、日本書紀にオオクニヌシの別名として、古事記には「御諸山《みもろやま》」の神として出てきた。コトシロヌシはオオクニヌシのことばを、タケミナカタはオオクニヌシの武力を象徴する。結局、コトシロヌシとタケミナカタは、タケミカズチに負けてしまい、国譲りを承諾する。オオクニヌシは息子たちの意見を取り入れて、タケミカズチに平伏する。

そういった話であるが、諏訪地方のタケミナカタがここに出てくるのは、なぜか。

アジシキタカヒコネやコトシロヌシは、オオクニヌシの系譜で紹介されている。ことの真偽は別にして、いちおうオオクニヌシの子供になっている。ところが、タケミナカタは、系譜にないのにいきなり出てくる。もっとも、古事記にはよくあることで、たとえば、第V章で登場したスサノオの子のスセリ姫も、系譜には出てこない。考えられるのは、これらは、後で割り込ませられたことだ。

だとすれば、割り込ませる特別な事情があったことになる。おまけに、書紀にはタケミナカタは出てこない。古事記は、あえてタケミナカタの話を出したわけである。古事記は、二重の意味で、タケミナカタをわざわざ追加した。それは、なぜなのか。

出雲世界の広がり

国譲りは、出雲を舞台にしている。タケミカズチが、タケミナカタと力比べをしたのも出雲。今の出雲市大社町《たいしゃまち》というところだ。しかし、あっさり負けたタケミナカタは諏訪湖《すわこ》まで逃げ去り、「ここから他には行かない」といって、諏訪の地に引きこもる。

まだ下界は一面、出雲だった。諏訪湖も、タケミナカタが駆け込んだことで、神話的には出雲になった。出雲世界は、タケミナカタの敗走でいっぺんに広がる。この神自身、出雲系とされている。オオクニヌシが譲り渡す国土も、おのずから広くなった。

「日本」を建国した天武天皇の時代に、中国に倣って副都計画があった。難波《なにわ》や大和近辺で場所探しが行われた。諏訪湖のある信濃も候補地になり、調査が行われた。地図を広げてみると、諏訪湖は日本列島のほぼ真ん中。それでタケミナカタを登場させ、この神に、土地を譲らせるストーリーを作ったとする見方がある。もっともらしい話だ。副都を造るなら、諏訪地方の平定は重要事である。

タケミナカタの本体

タケミナカタを祭る諏訪大社は、「御柱祭《おんばしらまつり》」で全国に知られている。しかしこの祭りは、タケミナカタと何の関係もない。なぜだろうか。

タケミナカタは確かに、今も諏訪大社の祭神である。しかし現地では、この神は天つ神に国土を売り渡した神として、いささか評判がよろしくない。それかあらぬか、諏訪大社では、祭神に掲げてはいるものの、この神の名をあげた神事や祭礼はない。国譲りのときに、武力で負けて諏訪湖に逃げ隠れた神なので、現地側には不名誉なのかもしれない。諏訪の大神を「タケミナカタ」とは認めていないようだ。

現地側の認めている諏訪の大神は、「ミシャグジ」という神である。ミシャグジ神は、「御作神」「御佐口神」などと漢字が当てられる。まことに奇態な精霊で、神主が土中に室《むろ》を掘って祭るらしい。蛇体であらわれるという。

上社《かみしゃ》・下社《しもしゃ》からなる複雑な諏訪大社でも、とくに謎《なぞ》めいているのがミシャグジの祭りだ。年のはじめ一月一日に、穴に籠もって、まっ先にミシャグジを招くのは、この神が祭祀の根源だからである。ミシャグジ神を祭らなければ、一年が始まらないのだ。神事にかかわる神職には、きびしいタブーが課せられるという。

実は、ミシャグジ神は、タケミナカタの本体である。

逆にいえば、「タケミナカタ」は、そう呼ばれる神になることによって、ミシャグジ的なわけの分からなさを払拭する。「タケミナカタ」であれば、タケミカズチと力比べする相手役にもなれる。性別もはっきりして人格神に成長している。

古事記の神話では、諏訪の大神である「ミシャグジ」が「タケミナカタ」という名前に書きかえられた。そのうえで物語ができている。力比べのストーリーは虚構だ。そのような神話が諏訪地方のどこかに伝承されていて、それを利用したのではない。

タケミナカタは「タケ（建）―ミ（水）―ナ（～の）―カタ（潟）」の意で、諏訪湖の水神である。諏訪大社が掲げている祭神の筆頭に、タケミナカタがいる。しかし、「タケミナカタ」という名称は朝廷側が作り上げた名前だ。国譲りのときに武力で負けた神は、現地では歓迎されない。

現地では、もとの名前の「ミシャグジ神」のほうが、まだ真実味《しんじつみ》があった。大蛇であらわれる原始的な姿のままで、名前も「ミシャグジ」だ。長いあいだ、諏訪の地ではミシャグジ神を祭って、生活を営んできたのである。

ミシャグジはオロチ

タケミナカタの前身であるミシャグジを祭るのが、諏訪大社である。この社の祭りは原始的で、よく、狩猟文化的な要素を残すといわれる。「御柱祭」も、どこかに祭祀の原形をとどめている。

ミシャグジ神は原始的な精霊で、性別もない。人格神以前の霊であり、魑魅魍魎《ちみもうりょう》の類だ。地中に棲《す》む大蛇であらわされる。現地では、今でも蛇神として祭っている。

なぜ、わけの分からない化け物かといえば、諏訪にはスサノオがいなかったからである。だから、ずっと退治されなかったわけだ。ミシャグジはオロチである。神話的には、神になりきれない化け物を、オロチという。オロチは大蛇でイメージされるが、語義的には「ヲ(嶺)ーロ(〜の)ーチ(霊)」の意味である。原始的な山の神だった。山の神は水の神でもある。

ミシャグジは、十分、オロチに匹敵する。ただ、出雲にいたオロチのように、退治されなかっただけである。まるで、湖の底に残った白亜紀の恐竜だ。諏訪湖には、怪物を退治する英雄はあらわれなかった。スサノオのような英雄がやってきて、ミシャグジをやっつけるストーリーができあがっていれば、祭祀もちがっていたかもしれない。

オロチ退治の神話が語ろうとしたものを、あらためて考えてみよう。オロチを退治する装置は、古い祭祀形態でもあった。オロチは、神を祭る神聖な場所で退治されたわけである。オロチは、人身御供《ひとみごくう》を要求する精霊だった。スサノオは、そうした原始の闇をはらす英雄だったのである。

辺境の諏訪では、古い祭祀の伝統が生きのびた。ミシャグジは退治されなかったのだ。だから今でも、ミシャグジへの祭りが絶やされないわけである。

タケミナカタの役割

では、ミシャグジは、なぜ、退治されなかったのだろうか。

この疑問は、朝廷側の視線で言い換えると、なぜ、タケミナカタは退治されなかったかということになる。ミシャグジ神は朝廷側からみれば、タケミナカタになる。「タケミナカタ」の名前で語られる神話は、朝廷側が作った。この話には、現地側の意味がある。では現地側に立つとどうなるか。

タケミカズチは、諏訪湖にタケミナカタを追いつめる。このストーリーは、現地側の見方では、ミシャグジ的なものが諏訪湖に封じ込められることを意味する。朝廷側からみると、魑魅魍魎の類が、諏訪湖に追い込められ、それまで地上を支配していたミシャグジ的な怪物が、一掃されることを意味する。タケミナカタの退散は、オロチ退治とおなじようなストーリーなのである。

ただし、タケミナカタという名前が、オロチにくらべてすこぶる透明なために、話の進みぐあいが分かりやすくなった。タケミナカタの物語には、クシナダ姫を櫛に変えるような、分かりづらいストーリーはない。ミシャグジは「ミ（御）－シャグジ（石霊）」の意味と思われる。巨石によりつく古い霊格で、人身御供を求めるオロチ祭祀と、共通するところがある。

タケミナカタの話は、ミシャグジ神を生かすためのストーリーである。諏訪湖の底でミシャグジは生きつづけるのだ。信州にはスサノオがあらわれなかった。だから、今でもミシャグジ神がいるのだ。

第Ⅶ章　ホノニニギ――「万世一系」の神話化

ストーリーのクライマックス

記紀神話のクライマックスが、天孫降臨の場面だ。ホノニニギの命《みこと》が天降って、地上の時間が動き出す。代々の天皇が、順次、天下を治めはじめる。今上《きんじょう》天皇は、初代の神武天皇から数えて第百二十五代目。虚構ないし不明といわれる継体《けいたい》天皇あたりまでを除外しても、およそ百代。その起源が、天孫降臨と呼ばれている、いわゆる「万世一系」のおおもとになっている神話だ。

故《かれ》、ここに天津《あまつ》日子《ひこ》番能邇邇藝《ほのににぎ》の命に詔《の》りたまひて、天《あめ》の石位《いわくら》を離れ、天の八重《やえ》たな雲を押し分けて、稜威《いつ》の道別《ちわき》道別《ちわき》て、天《あめ》の浮橋《うきはし》にうきじまり、そりたたして、筑紫《つくし》の日向の高千穂のくじふる嶺《たけ》に天降りまさしめき。

古事記が、もっとも語りたかった一節である。あいにく難解な文章で、「うきじまり」とは何かだとか、「そりたたし」はどういう動作かなど、まだ解読できない箇所がある。儀礼的な動作と思われる。即位式の所作ともみられているが、よく分からない。

これまで本書では、ストーリーの裏に隠されている意味を探るといった読み方をしてきた。ところが、天孫降臨については、その手法があまり効かない。なぜなら、裏に隠されている物語は、ほとんどないからだ。

ストーリーは露骨だ。天つ神が、オオクニヌシの作り上げた地上の世界に、続々と天降っていく。それがテーマである。裏の意味などない。あるとすれば、これまでのストーリーがすべて、天孫降臨の裏の意味ということになる。これまでの話は、みな天孫降臨のためだった。話がヤマ場にかかると、それまでの出来事はみな伏線になってしまう。

イザナキとイザナミが夫婦で行った国生みも、アマテラスとスサノオの兄弟げんかも、すべて、天孫ホノニニギが天降る話の伏線になる。オオクニヌシが、天つ神に譲るために国作りをしているのは、伏線の分かりやすい例だった。

伏線は、オオクニヌシの神話にかぎったことではない。極端にいえば、天地初発にムスヒという生命現象がまっ先にあらわれる「日本」神話の冒頭が、天孫が天降るための伏線だったのである。

すべてが、来るべきそのときのために存在する。先に引いた文章は、それまでに語られてきたすべてを含み込むことで成り立っているともいえるわけだ。ストーリー性とは、そのようなことだった。

天地初発からのいろいろな物語が、全部降臨神話の裏になる。それが、古事記の仕組みだ。

読みの視点

天孫降臨神話のストーリーはふくらみ、文章も込み入ってくる。複雑になるのは、対象のせいではない。対象が複雑なのは仕方ない。古事記の話は、雪だるま式にふくらんだ世界。バラしてしまうと複雑で手に負えない。あらかじめ、視点を定めておきたい。

視点は「降臨を司令する神」「降臨する神」「降臨の様子」「降臨する場所」「お供の一行」「渡される神宝」「サルタビコ」。この七つだ。

視点を七つにしぼったのは、まだしも単純にしたほうで、日本書紀にも、本文と合わせて五つの伝承がある。記紀にある都合六種の記事は、それぞれ微妙に食いちがって、天孫降臨神話をいっそう複雑にしている。

降臨を司令する神

まず、降臨を取り仕切っている神がいる。高天の原の最高神だ。古事記ではアマテラス大神とタカミムスヒが、降臨を命令する神になっている。日本書紀では、アマテラスだけが二つ、タカミムスヒだけが三つあり、古事記のように、両方が降臨を司令するかたちはないようだ（一七四ページ表⑤参照）。

書紀をみると、司令神については、アマテラスを中心とする伝承と、タカミムスヒを中心とする伝承の二つに分かれる。古事記は、これらを寄せ合わせたかたちになっている。これに関係する説が、戦後まもなく唱えられた。梅沢伊勢三《うめざわいせぞう》の「紀前記後説」だ。この説は、資料でみるかぎり、記紀は、日本書紀→古事記の順でなければならないという趣旨である。同時代の記録によれば、成立は古事記→日本書紀の順だから、逆なわけである。

梅沢はいろいろな段で、日本書紀の伝承を集め、それらを統合して一つの筋にまとめると、古事記のような話になることを証明した。降臨神話には、梅沢説が典型的に当てはまる。

しかし、それまで通説的に受け入れられていたのは、降臨神話には、アマテラス系とタカミムスヒ系の二種類があるという見方である。この説では、古事記を無理にアマテラス系に入れるわけである。これは神話研究者の三品彰英《みしなあきひで》が行ったものだ。三品はさらに、異伝に新旧の差も認められるといい、天孫降臨神話では、アマテラスだけを司令神にする書紀の一書を、もっとも新しく書かれたとした。分析の結果を時間軸に並べるこの方法は、異伝の研究に大きな影響を及ぼした。

古事記のストーリー

古事記の伝承は、三品の作成した表では、しまいから二番目に置かれている。それは、成立の時間的な順序を示している。しかし、梅沢説を考慮すると、実状はそうではなくなる。古事記は、アマテラス系とタカミムスヒ系を統合する第三の形態でなければならないのだ。六つの資料は、成立時期の順番で時間的に並ぶのではない。非時間的に、論理的な関係で並べなければならないのだ。

古事記のストーリー性についても、見方を深めることができる。古事記のストーリーは、書紀のいくつかの伝承を集めたものである。古事記は、事実をありのまま書いたものではない。

伝承を広く集めれば集めるほど、民間説話のかたちから遠ざかる。机上の作業で作られる部分が多くなるからだ。天孫降臨神話で、司令神が二神となっている古事記型の伝えは、もっとも民間説話から遠ざかったといえる。それは要するに、既存の伝承を組み合わせたにすぎないのだ。

タカミムスヒを司令神とするのは、アマテラスが主神の位をえるまでは、この神が王家の中心だったからだ。ただし、守護神としての太陽神だった。古事記のアマテラスは、始祖神の観念が芽生えてからの神。始祖神とは血縁的にさかのぼって、先祖に連なる神である。それは、記紀が描く天孫降臨神話そのものだった。降臨が予定されていたオシホミミは、アマテラス大神の血縁的な子供なのである。ホノニニギはアマテラスの孫だ。だから「皇孫」ともいう。

降臨する神と降臨の様態

降臨神は「日本」神話の主役である。それなのに直前になって主役が替わる資料がある。先にも触れたように、降臨神は、はじめはオシホミミが予定されていた。それが、ホノニニギに替わるのである。

どのようないきさつがあったのか。

オシホミミは、アマテラスとスサノオの「ウケヒ」で生まれた。正式には「正勝吾勝勝速《まさかつあかつかちはや》日天之忍穂耳命《ひあめのおしほみみ》」といった。この神はスサノオがあらわすが、後にアマテラスの子になる。「オシ」は力強さを誉める語。「ホ」は穂である。「ミミ」は尊称。豊かな稲穂の霊を称えた名だ。

一方のホノニニギは、オシホミミの子である。アマテラスからみれば、孫ということになる。正式にいうと「天邇岐志《あめにぎし》国邇岐志《くににぎし》天津日高日子《あまつひこひこ》番能邇邇藝《ほのににぎ》命」と舌を噛《か》みそうな名前だ。稲穂がにぎにぎしく実ることの讃美である。意味的には、オシホミミとあまりちがわない。どちらも穀霊。稲作の起源神話なわけである。ホノニニギは、オシホミミが足止めをくっているうちに生まれた。オシホミミは「自分が降らずとも、わが子が降る」といい、降臨を譲る。

この神話は、アマテラスを持統にみたて、天武の次に即位するはずだった草壁《くさかべ》皇子が病弱のため若死にし、孫の軽太子《かるのみこ》が即位して文武天皇になる現実につなげて理解された。天武から持統を経て文武へ流れる系統は、家父長的な直系だ。天孫が、オシホミミからホノニニギに、アマテラスからみて子から孫へ替わるのは、王権が草壁から文武に移った歴史と対応している。このような理解が、歴史家のあいだではやった。

しかし、この解釈は少し御都合主義だ。

天武天皇は、どうするのだろうか。むろん、天武は持統女帝の夫だ。持統がアマテラスなら、天武はタカミムスヒである。しかし、タカミムスヒはアマテラスの夫ではない。歴史をモデルに話が作られてもいいが、このように都合のいいところばかり対応させてはいけない。対応が恣意《しい》的ではいけないのだ。

オシホミミは、タカミムスヒにとっても孫に当たる。司令神がアマテラスとタカミムスヒの二神になると、アマテラスとタカミムスヒの要素が融合される。このことを説話であらわせば、婚姻のかたちになるのだ。

三番目の視点は、「降臨の様子」だ。降臨神がオシホミミからホノニニギに交替しないときは、マドコオウフスマ（真床追衾）というものにくるまれて降臨する。マドコは真床の意味、フスマは布団である。要するに立派な床を覆う布団にくるまって降臨するのだ。神話的には、幼児がエナに包まれて生まれる状態をいうそうである。しかし、ホノニニギのときは、はじめから何にもくるまれない。

降臨する神は、生まれたての新生児なわけで、ホノニニギは、オシホミミと替わった時点で新生児だと分かるので、マドコオウフスマがいらなくなったわけだ。あいだに国譲りの交渉をはさみ、降臨が長引いているので、降臨神の交替は、自然な流れになっている。

降臨地はどこ？

降臨する場所については、問題の立て方が二つある。一つは、そもそもなぜ日向なのかという問題。二つ目は日向のどこかということ。

まず、前者から。

この問題は大きくて、記紀神話の根本にかかわる。ストーリーの一貫性を考えれば、国譲りが行われたのが出雲なら、天孫降臨もおなじ出雲で行われるべきところだ。なぜ、舞台が日向に移ってしまうのか。一見当たり前の疑問である。

それで専門家のなかには、はじめは出雲に降臨するアイディアをもっていたと考える向きもある。たとえば、オシホミミの降臨は、出雲で行われたのではないか、とか。

しかし、先にもいったように、神話において地上世界はすべて出雲と日向なのだ。天孫が降臨する前の世界を出雲と呼び、後は日向と呼ぶのだ。第Ⅷ章で取りあげる海幸山幸の話なども、出雲でなく、日向が舞台となっている。

日向は、神話的には葦原の中つ国である。葦原の中つ国は、両義的な場所だった。オオクニヌシが君臨し、その一族が牛耳っている。一方で、地上は、災いのはびこる悪の王国だった。そこは、天孫が天降っていく世界だった。そこで、天孫の降臨に先だって悪を払うことが行われる。いわば、先払いをするわけである。

天孫は、葦原の「中つ国」に天降りを命ぜられたのではなく、「葦原の水穂《みずほ》の国」に天降るようにいわれる。原文では「豊葦原之《とよあしはらの》千《ち》秋長五百《あきのながいお》秋之《あきの》水穂国」と書かれている。略すれば「葦原之水穂国」。美辞麗句がついているだけで、本体は「葦原の水穂の国」である。天孫が天降るとき、地上は理想の世界になる。「日向」は、神話的にはめでたい場所である。

降臨が、九州の地になっていることについては、問題がある。「日本」神話の大もとだけに、後でじっくり取りあげよう。記紀の伝えはすべて日向になっているが、具体的にはどこか分からない。そのため現地では、今も降臨地で争っている。

一つは、高千《たかち》穂町《ほちょう》だ。宮崎県の北部、大分県との県境付近にあり、重要無形民俗文化財にも指定されている高千穂神楽《かぐら》を伝えている。もう一つは霧島山《きりしまやま》。宮崎県の南部で、鹿児島県との境にある連峰である。

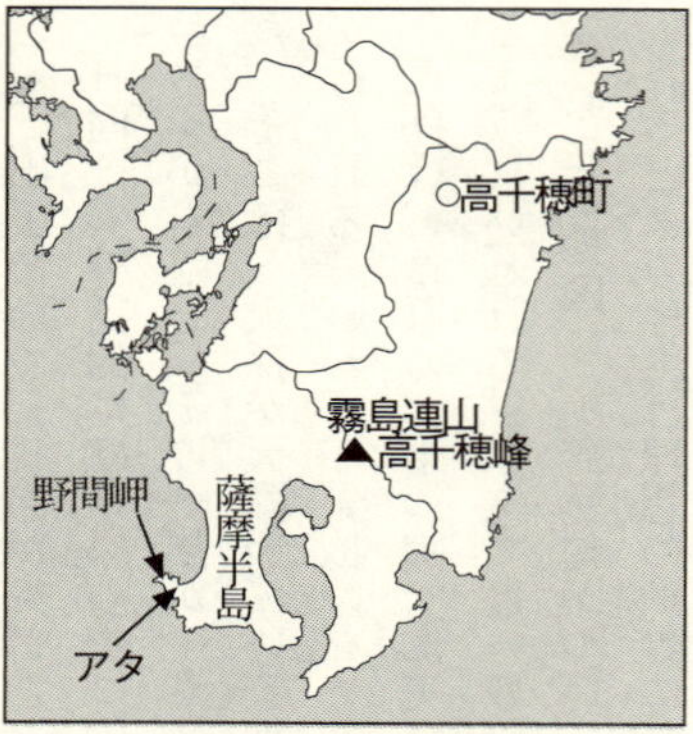

表④　九州の神話伝承地

二番目の高峰である高千《たかち》穂峰《ほのみね》が、古事記にいう高千穂だそうだ。こちらも盛んに観光客を呼んでいる。

北部の高千穂町のことは、風土記に「臼杵《うすき》郡内、知鋪《ちほ》郷」とあるから、場所がはっきりする。古事記には「筑紫日《つくしのひ》向之《むかの》高千《たかち》穂《ほ》之《の》久《く》士《じ》布《ふ》流《る》多《た》気《け》」とある。これでは場所が決まらない。一説に、クジフルタケは「亀旨《きし》峰」のことで、朝鮮語という。韓国の『三国遺事《さんごくいじ》』をみると、迦羅《から》国には王が亀旨峰に天降ったという神話がある。

天孫が降臨したのは、宮崎県の北と南に分かれている。伝承地のはっきりしている高千穂町のほうを指すとみることもできる。しかし、海幸山幸の話が薩摩《さつま》半島を舞台にするので、漠然と、南九州全体がイメージされているのも確かなようだ。

日向は、日の当たる場所を讃美する言い方である。そういうめでたい場所は、大和朝廷の勢力が拡大するにつれて、徐々に広がっていった。日向は成長し、範囲は広くなる。古事記の日向は、風土記より後のイメージで作られている可能性がある。

このようなことを考えながら、古事記では降臨した場所が、霧島山のあたりを想い描いて書かれていると思うと、次への続きが滑らかになる。霧島山は連山で、そのなかに南九州でいちばん高い山を含んでいた。それで、この名称で天孫が降った山にされたのだろう。

神話的な出雲・日向

出雲でなく日向に降臨したのは、そこが未開の場所だったからだ。

先に述べたように、神話的に未開性は二通りの意味をもっていた。豊穣と不毛である。文化の側からみれば、未開なところは不毛地帯である。しかし、人手の加わっていない場所とみれば、未開の場所にはすべてがある。自然がそのまま残り、まだ、何も失われていないところだ。

政治的にみれば、未開の場所は、国家の勢力が及んでいないところである。ある一定の秩

表⑤　記紀の降臨神話

系統		タカミムスヒ系			アマテラス系		総合
要素	所伝	日本書紀本書	第六書	第四書	第二書	第一書	古事記
司令神		タカミムスヒ			アマテラス		タカギノカミ(タカミムスヒ)アマテラス
降臨神		ホノニニギ			オシホミミ→ホノニニギ		
降臨の様態		真床追衾に包まれる					
降臨地		日向襲之高千穂峰	日向襲之高千穂添山峰	日向襲之高千穂槵日二上峰	日向槵日高千穂之峰	筑紫日向高千穂槵触峰	筑紫日向之高千穂之久士布流多気
随伴神	東征系			アメノオシヒ／アメクシツオオクメ			アメノオシヒ アマツクメ
随伴神	岩屋戸系				アメノコヤネ フトタマ 諸部神	アメノコヤネ／フトタマ／アメノウズメ／イシコリドメ／タマノヤ	アメノコヤネ／フトタマ／アメノウズメ／イシコリドメ／タマノヤ／オモイカネ／タヂカラオ／イワトワケ
神宝					宝鏡	三種神宝	三種神宝
神勅					同床共殿／斎庭稲穂	天壌無窮	瑞穂国統治／宝鏡奉斎
伊勢神宮	先導神					サルタビコ	
伊勢神宮	鎮座					伊勢之狭長田五十鈴川上	佐久久斯侶、伊須受能宮、外宮之度相

序を基準にすれば、他の秩序は排除され、野蛮な地域になる。大和朝廷の価値基準からみれば、他の祭政システムは悪だ。しかし、価値づけられたものが何もない未開地は、これから何かが始まる場所である。

未開は、歴史のはじまりだ。ゼロから歴史をスタートさせるとしたら、未開の場所ほど好都合のところはなかった。なぜならそこは、まだ何も始まっていない場所であり、何が始まってもよかった。

隼人《はやと》が未開性を象徴した。辺境は未開だ。神々の世界では、これから王化が始まる隼人の場所を日向と名づけている。日向は、政治的には未開でも、神話上は豊穣だった。天孫降臨の場所として、日向は、理想の場所だったのである。

随伴神

古事記では、ホノニニギはにぎやかに降臨する。お供がいっぱいいるのだ。これらお供の一行を昔から随伴神と呼んできた。全部で十神もいて、書紀の伝承とくらべてもいちばん多い。書紀の一書では、随伴神は五神が一つ、三神が一つ。ホノニニギだけでさびしく天降るのが二つある。

古事記の内訳をみると、おもしろいことに気づく。

十神のうち、八神は天の岩屋戸の話に出てきている神なのである。残りの二神は神武天皇の大和征服のとき、つきしたがった神だ。降臨のときだけ出てくる神がいない。八神と二神は、降臨の場面ではほとんど名を列ねるだけだが、岩屋戸や大和平定の段では華々しく活躍する。そちらのほうが本当のはたらき場所で、天孫降臨の場面は、かり出されているだけである。古事記の随伴神は、まるで、枯れ木もヤマのにぎわいだ。

それと、書紀の一書資料をみると、なぜか随伴神は、アマテラスを主神とする神話に主に出てくる。タカミムスヒ系では一つだけである。おまけに、それは神武東征に活躍する神だ。書紀で随伴神のいるのは、岩屋戸の話を語る所伝にかぎられるということになる。そのあたりの事情は、表⑤をみると一目瞭然である。

お供の神々には、岩屋戸系と神武東征系があり、書紀では別々に出てくるが、古事記は、両方を合わせていることが分かる。古事記では、司令神ばかりでなく随伴神の要素も、統合されているのである。

もう少し細かく検討してみよう。さしあたって問題になるのは、岩屋戸系の随伴神。これらの八神は、すべて天の岩屋戸神話を構成する神々だ。たとえば、祝詞を唱えるアメノコヤネ。裸踊りをして太陽神を誘い出すウズメ。力ずくでアマテラスを引き出すタヂカラオなど、お馴染みのメンバーである。八神の素性は、降臨神話の段に書かれている。しかし、本来は、岩屋戸神話の段に書かれているほうがふさわしいのだ。

古事記は、随伴する神のなかでも三種の神器を「その招きし八尺《やさか》の勾璁《まがたま》、鏡、また草薙《くさなぎ》の剣……」といっている。「その招《お》きし……」とは、アマテラスを岩屋戸から招き出したことをいう。岩屋戸神話と降臨神話は、内容だけでなく、資料的にもつながっている。この文章は、アマテラスを岩屋戸から招き出したことをいうのだ。古事記に注釈をほどこした倉野憲司《くらのけんじ》によれば、ここは、もともとの場面は岩屋戸の話で、それが降臨神話にずれ込んだという。

もう一つの降臨

資料上の関係が分かると、ストーリーの作られた経緯が推測できるようになる。結論からいえば、二種類の降臨神話があったのだ。

一つは、岩屋戸に直属した降臨神話である。これは、アマテラスを主役にして岩屋戸から再生すると、すぐにオシホミミがお供を連れて降臨する話。しかし、あいだに、国譲りの話が挿入されたために、オシホミミの降臨が引き延ばされた。そうしているうちに、アマテラス系がタカミムスヒ系と合体する。いずれにせよ、あわただしい作業だったようだ。

もう一つの降臨神話は、タカミムスヒが穀霊神だけを天降りさせる話だ。これは、典型的には、書紀本書の伝承として存在している。いわゆるタカミムスヒ系の伝承である。

なぜ、アマテラス系の降臨神話があったのか。それは、岩屋戸の話が、アマテラスを巫女から皇祖神に脱却させるために作られたからである。異郷訪問型の岩屋戸神話をもってきたのは、アマテラスを変身させるためだった。

ところが、この話には後日談がある。岩屋戸から出て皇祖神になったアマテラスはスサノオを追い払う。復活したアマテラスはスサノオを追放する一方で、オシホミミに降臨を命じたのだ。オシホミミは降臨しようとするが、下界が騒いでいるので引き返す。

そこから、下界をまず平定しようという話になる。それで、オオクニヌシに国を譲らせ、地上を平定するという話になったわけである。このストーリーは自然だ。アマテラス系の天孫降臨は、もともと岩屋戸神話のふくらんだかたちだった。

随伴神を登場させたとき、「その招きし八尺の勾璁、鏡、また草薙の剣」がなければ、岩屋戸神話が、もう一つの降臨神話だったという証拠はなくなる。三種の神宝も、もともと天の岩屋戸のモチーフだったのである。

岩屋戸神話には、もう一つの側面、つまり、降臨モチーフが含まれていた。ただし、それはあくまでもアマテラスを伊勢に降ろす話だった。古事記は、現在の起源を神代化する傾向にある。とくに、伊勢神宮は神代から存在しなければならなかった。鏡を神体とするアマテラス大神を祭る神社も、今の場所に神代の昔からあったというのが古事記の立場だ。このモチーフは、降臨神話にもちゃんと受け継がれている。古事記の天孫降臨神話には、伊勢神宮の要素があるのだ。

伊勢神宮の要素

降臨神話に戻る。話がごちゃごちゃするのは、お供のせいばかりではない。話を混乱させる張本人は、サルタビコだ。この神はまるで話をもつれさせるために出てくる。

表⑤によれば、この神がはじめて登場する伝承は、日本書紀の一書。一番目の一書にサルタビコが出てきた。古事記は例によって、この伝承をも合わせ、いろいろな資料をまとめて一つの筋を作っている。しかし、簡単にはいかなかったようだ。サルタビコは、道案内をするためにやってきたという。そして、天孫を先導したような、しないような、はっきりしない行動を取るのである。

書紀の一書一によれば、サルタビコは、天孫に日向に降臨するようにアドバイスし、自分は伊勢に戻っている。サルタビコは伊勢の神だった。伊勢から高天の原にきて、ホノニニギに降臨地を教え、そして、また伊勢に戻る。これがサルタビコの描いたコースである。謎めいた行動だが、古事記に照合させると、分かりにくい話の筋が見えてくる。

古事記では、ホノニニギとオモイカネが伊勢神宮を祭っていると記されている。原文では

「此二柱神者、拝祭佐久久斯侶、伊須受能宮」となっている。「此《こ》の二柱《ふたはしら》の神は、佐久久斯侶《さくくしろ》伊須受《いすず》の宮を拝《いつ》き祭る」と訓読できる。「この二柱の神は、五十鈴《いすず》の宮をお祭りした」という意味だ。「さくくしろ、いすずの宮」は伊勢神宮のことである。

二神というのは、ホノニニギとオモイカネ。お祭りする対象はアマテラスである。

ホノニニギは天降る神で、歴代天皇を代表している。オモイカネは地上に天降りしたホノニニギを助ける説話的な神で、ホノニニギがアマテラスを祭るのを手伝う。アマテラスと一緒に祭られる神は、伊勢神宮側の伝えでは「手力男《たぢからお》」と「万旗豊秋津姫《よろずはたとよあきつ》」で、この伝承と合わないが、古事記は独自の主張をしているとみればいい。古事記が、現地側の伝承と食いちがうのはよくあることだ。

サルタビコの登場

古事記は、伊勢神宮の由来を語っている。神社の由来とは、祭神の由来だ。そして、祭神の由来が、アマテラスの降臨だった。古事記では、アマテラスが鏡になって降臨するのである。

ところが日本書紀の一番目の一書は、アマテラスの降臨を語らない。この一書は、古事記とよく似ているが、そこのところがちがう。古事記の伊勢神宮は、起源が神話化されているのだ。一書一はサルタビコがいることで、将来、伊勢の地がアマテラスを祭る場所に予定されていることを示唆するにとどめる。

書紀が、神代で伊勢神宮の起源を語らないのには、理由がある。書紀は、垂仁《すいにん》天皇の時代に、倭姫命《やまとひめのみこと》が伊勢にアマテラスの祭祀を移したことをいう。公式的には、これが伊勢神宮の起源だ。書紀は神代の話を、それに合わせた。だから、神宮の起源を神話化しなかったわけである。一書一の伝承は、サルタビコの帰る理由を、垂仁天皇の時代として説明する。それでやっとサルタビコが伊勢に行くわけが分かる。

古事記は、倭姫命が伊勢神宮の創建にかかわる伝承を削って、神宮の起源を神話の時代にもってきた。神宮は神代からあったのだというのが、古事記の主張である。天孫降臨のストーリーが、それだけ重たくなった。同時に分かりにくくなったのである。二種類の降臨が、一つのストーリーになっているのだ。

ともかく、アマテラス系の降臨神話は、伊勢神宮の起源と密接につながっているのである。伊勢神宮の起源は、そのまま、祭神であるアマテラス大神の成立の問題につながる。岩屋戸から復活するアマテラスは、スサノオから主役を奪い取ると同時に、伊勢神宮の祭神になっていくわけである。

アマテラスの復活は、皇祖神の成立であり、伊勢神宮の起源だった。それが、サルタビコの登場の話とつながっている。一方、タカミムスヒ系の降臨神話は、伊勢神宮の起源にかかわりをもたない。サルタビコは、タカミムスヒ系と交流しないのだ。

溺れるサルタビコ

ウズメは猿女《さるめ》の祖先神である。ホノニニギが降臨するとき、あやしくあたりを照らす神がいた。正体がサルタビコであることをつきとめたウズメは、この神の名をつけ、サルメと呼ばれて、宮中に仕えたという。

このあたりから、降臨神話はだんだんストーリーが滑らかにつながらなくなり、話が一つ一つ挿話的になる。

古事記では、降臨神話の後半に、サルタビコが溺《おぼ》れる話を語る。ホノニニギが降臨すると、ウズメに、サルタビコを送り返すように命ずる。サルタビコは、なぜか伊勢のアザカという土地に行って、大きな貝を採り、手をはさまれてしまう。そのときに、海中で三回溺れた仕草をする。

溺れるたびに名前がついて、ご丁寧にサルタビコは「底《そこ》どく御魂《みたま》」「つぶたつ御魂」「あわさく御魂」と呼ばれる。ウズメは宮中に戻り、ナマコを献上する話で終わる。ナマコがでてくるのは、珍味であり、実際に献上されていたからである。

サルタビコが溺れる話を考えてみる。謎めいた仕草だ。何を意味するのだろうか。海女が、貝を採る動作だという研究者もいる。確かに、サルタビコの所作をサルメの職業に求めるのはおもしろい。しかし、なぜ、溺れるのか。海女だったら、溺れたら失格である。

サルタビコは、海女たちの守り神だったらしい。サルメと呼ばれた人々は、もともと伊勢地方の海女で、その守護神がサルタビコだった。しかし、溺れたことで、海女たちの守護神である資格をなくしたのである。

もともとサルタビコは、伊勢地方の土着神だった。今、サルタビコといえば、伊勢神宮の入り口に鎮座する神社が有名だが、松阪《まつさか》市に属するアザカにも、サルタビコを祭る神社がある。こちらのほうが古いともいわれている。

サルタビコはストーリー上は、天つ神が降臨すると聞いて、先導役をかって出た神である。先導役といえば格好いいが、要するに露はらいであり、先追いだ。主人に仕える下僕の役目である。サルタビコは、ホノニニギに服属した神なのである。溺れるサルタビコは、もう海女の神ではない。貝に食いつかれて溺れるような神は、海女の守護神となる資格などない。

アマテラス大神の天降りを語り、伊勢神宮の起源を語る古事記は、伊勢の地を天つ神の所有物にしなければならない。そのためには、伊勢の土地を、土着の勢力から奪い取っておかなければならなかった。それが、土着の勢力であるサルタビコの溺れる話にほかならない。

彼は、物語のなかで天つ神に国譲りをし、平伏した。サルタビコは、アマテラスの時代には不用になった神なのである。

アマテラス系と伊勢祭祀

以前から、アマテラス系の伝承について、地方の太陽信仰が国側に吸収されたという説と、反対に、アマテラスの祭儀が地方に拡大したという説がある。伊勢地方の太陽信仰が、アマテラス祭祀の原型になったのか、それとも、中央で形成されたアマテラスの祭祀が地方に広がったのか、という問題である。

どちらも、太陽信仰が基軸になっている。伊勢地方は、古くから太陽信仰の盛んなところだった。サルタビコも「上は高天の原を光《て》らし、下は葦原の中つ国を光らす神」といわれている。三輪山にやってくる神とおなじく、太陽神だった。ただし、国つ神である。

アマテラスだって太陽神。もっともこちらは、れっきとした天つ神だ。天つ神のなかでも皇祖神である。皇祖神は、太陽の神を独占する。

サルタビコが土地を譲って、天つ神が地上に乗り込んでくる。独占された太陽神を祭る場所が、伊勢神宮だ。そこへアマテラスが降臨する。それが神話の筋書きだった。

地方神が、そのまま国家の神になることはなかったのだ。今まで出てきた国つ神たち、たとえばタケミナカタやコトシロヌシ、アジシキタカヒコネなどの地方神は、みなアマテラスに土地を譲り渡した経緯をもっている。

それら「国つ神」の総大将にされたのが、オオクニヌシだった。サルタビコも、国譲りをする側の国つ神なのである。

アマテラス系の資料が、伊勢の太陽祭祀を色濃くしている理由は、降臨の前提に国譲りを語るからだ。政治的にみれば、国譲りで、中央は地方を収奪する。そのときに、地方の祭りが大幅に中央に流れ込む。朝廷は、ゼロから新しく祭祀を作り出すのではなく、流入した地方の祭祀を、別な価値に意味づけ直す。

その装置が「日本」なわけである。

たとえば、猿女の祭祀について。サルメはもともと、伊勢地方の巫女だった。伊勢地方で、サルタビコを祭る役割を負っていた。それが、サルタビコの国譲りとともに、中央に持ってこられた。サルメは、朝廷で伊勢の太陽祭儀をやらされる。サルメの行う祭祀が、国家の祭祀の実体だ。一見、地方の祭儀が国家祭祀化したように見えるが、しかし、朝廷でサルメが行う祭りは、別の意味をもっていた。おなじ太陽祭祀であっても、それらは国つ神を平伏させ、天つ神を祭り上げるための儀礼だったからである。

話型を超えて

天孫降臨を、もう少し広くながめてみる。神話の原点に戻るのである。アマテラス系だとかタカミムスヒ系などには、あまりこだわらないことにする。

天孫降臨は、よく山上降臨型をとっているといわれる。王権の起源神話としては、垂直型である。水平型には、海上来臨という神話がある。海の彼方から王者がやってくるというもので、神功皇后《じんぐう》の新羅遠征伝説などに反映されている。神武天皇が熊野《くまの》をめぐって大和に入るコースも、水平的といわれる。記紀には両方の要素があるが、垂直的なかたちのほうが優勢だ。

もっと別な神話とくらべてみよう。

たとえば、高句麗《こうくり》の朱蒙《しゅもう》神話。高句麗の繁栄は、だいたい日本の古墳時代と重なる。『三国史記』『三国遺事』の両方に朱蒙神話が載っており、川神の娘が、太陽の光に感じて子供をはらみ、卵を産む。卵から朱蒙が孵化《ふか》する話だ。新羅の建国者である赫居世《かくきょせい》も山上に降り、卵のような容器から生まれた。迦羅《から》の首露《しゅろ》王は、先に紹介したように、亀旨《きし》峰に天降って国をひらいたという。

日本の建国神話は、これらの朝鮮諸国の神話とおなじ系統につながる。神霊が山頂に天降る共通の話型である。おまけに、古事記の「久士布流多気《くじふるたけ》」ということばは、首露王神話にある「亀旨峰」からきているともみられている。

ところが、記紀の神話には、日の光に感じて妊娠する日光感精型も、卵が孵化して人が生まれる卵生型もない。日光感精型は北方系、卵生型は南方系の神話である。朝鮮半島の神話は、南北の二系統を融合したかたちになっている。ところが、記紀の降臨神話には、どちらも見出せない。中巻に一つあるが、渡来系の話で、おまけに舞台が朝鮮半島になっている。

記紀の天孫降臨神話は、類型のレベルを脱しているのだろうか。物語性の強い合理的な思考で、成り立っているのだろうか。もしそうなら、話型の変形、分解、複合などを考慮しても、神話からばかりでは、制作者の意図にたどり着けないおそれがある。

それにもかかわらず、山上降臨型の話型だけは取り出せる。その他は、神話以外の要素でできているようだ。先の七項目の表も、ほとんどは類型表現の枠組みとはいえない。

天子受命の思想から

古事記の神話をみて感じるのは、ストーリーが合理的なことである。とにかく、理屈に合っている。ところが、神話はもともと非合理的なもの。それが、むしろ本来の姿だ。卵から人が生まれるし、日光に感じて妊娠したりする。それが、神話なのである。

古事記は、あまり荒唐無稽な話は嫌うようだ。ありえない話を避ける傾向にある。理屈にかなった展開にするために、それらしいストーリーに変えてしまう。荒唐無稽に進む神話的な出来事が修正されるわけである。いくら神話でも、「人間が、卵から孵化するなんておかしい」というまっとうな感覚がはたらく。

神話的なものは、あちこちで、疑いの目を向けられている。

天孫の降臨を合理化するために、古事記は周到なストーリーを考えた。アマテラスの命令を受けて天降りするので、アマテラスをしっかりした主神に仕立て上げておくこと。タカミムスヒを登場させ、高天の原の天つ神体制を万全にした。武力を誇る神も派遣させたし、降臨のありさまもこまごまと描いた。

しかし、これらは話型に関係のないストーリーである。話型はお決まりのパターンで、それが話の基本だった。天孫降臨神話の全体を貫いているのは、アマテラス大神の力である。ところが、アマテラスの力の源は神話力ではないようだ。ストーリーを支えているのはお決まりの話型ではない。中国の王権思想だった。

これを天子受命の思想という。

天は宇宙の中心にある北極星。不動の北辰《ほくしん》である。「天子」は、天が認めた仁徳《じんとく》のある人物。皇天は、下界に有徳者を探し出して統治の権限を与える。指名されたものは、王朝をひらく。悪徳者が出れば、民を治める資格がなくなって、別の有徳者に王朝が移ってしまう。

これを革命という。天命が、革《あらた》まるのだ。

中国の歴史は、この思想で動いてきた。天子受命の思想は、歴史を動かすダイナミックな思想だった。基本にあるのは、有徳者が国を治める儒教思想である。

アマテラスは、高天の原の中心で輝く皇祖だ。その皇祖の神から命ぜられて、天降りが行われる。それは神話的話型よりも、中国思想に支えられている。

ホノニニギの天降りは、アマテラスとタカミムスヒが命じて行われる。そのときに、王者の印である三種の神器が手渡される。権威を高める演出だ。これらのストーリーは、神話のスタイルをとっているが、内実は「日本」誕生のおおもとにかかわる考えをあらわしている。徳のある天子が命令を受ける儒教思想を受け入れただけにとどまらない。それを起源化し、神話化したのだ。

天孫降臨のストーリーは、受命の思想を神話化するために作られているのだ。起源化するとは、出来事の意味を一つにして、もうそれ以上、おなじことが起こらないようにすることである。

天孫降臨の神話へ

天子受命の思想といっても、矛盾に満ちている。ひとたび天下を取ってしまえば、王朝を持続させたいと思うのが自然の理だ。受命は王朝を倒すときには武器になるが、王朝を維持するにはかえって危険だ。

革命は、受命の裏返しである。両方とも中国思想。中国の歴史は、受命と革命のくり返しである。

「日本」は、このくり返しを受け入れなかった。先ほど、舶来の思想を喜んで受容したかのように述べた。しかし、受命は受け入れながら、それと裏腹の革命の思想を排除したのだ。半面だけを取り入れたのである。

はやくいえば、日本は天子受命の思想を、起源として受け入れた。受命が起源化されると、それしか、起こりようがない。絶対化されるのである。それが神話の仕組みだ。受命の出来事がくり返される。どこまでいっても、革命は起きなくなるのである。

「万世一系」のシステム

アマテラス大神が、ホノニニギに降臨を命じることには、そのような意味がある。「万世一系」の形成である。天子受命の思想は、骨抜きにされて定着する。神話的思考が作り上げた巧妙な思想だ。天孫降臨神話には、「日本」という国の仕組みの、もっとも重要な構造が潜んでいる。

わたしたち日本人は、「万世一系」にある種の親しみをもっている。ところが、近隣諸国をみれば分かるように、これをとるのは日本だけだ。中国はむろんのこと、朝鮮半島、他のアジア諸国と、どこをみても「万世一系」は存在しない。この仕組みは、孤立的にしか存在しえないシステムであり、他の国と相容《あいい》れにくい文化なのだ。

ストーリーの習性

日本が王統を絶やさずにきたのは、具体的には、天孫降臨神話があったからである。天孫降臨の神話が、「万世一系」の歴史を作ってきたわけだ。

天孫降臨神話は、王権の起源を語った。それが、どのようにはたらいているかということは仕組みにかかわる。天孫降臨神話が、どのようにして「万世一系」を生み出すのかといえば、天子受命の思想を受け入れつつ、革命を排除するかたちで作動している。「日本」の「万世一系」は、そのようにして続いてきた。

神話のかたちで思想をあらわすのは矛盾である。なぜなら、神話は非合理だが、思想は合理だから。中国では、神話は思想にうち破られた。神話が終わってから、思想は始まる。ところが天孫降臨では二つが共存していた。ストーリーは、人のこころに住みつく習性をもっている。天孫降臨神話は、この性格をうまく使って「万世一系」という不自然な観念を、わたしたちに植えつけた。

第Ⅷ章　ヒコホホデミ・ウガヤフキアエズ――日向三代の物語

日向三代のあら筋

ホノニニギが天降ったあとの話は、すこぶる神話的だ。舞台は、南九州に移って薩摩半島付近。半島から、盲腸のように突き出た野間岬《のまみさき》のアタというところだ。大雑把《おおざっぱ》にいえば、今の鹿児島市の南西のあたりだ。

あら筋をかいつまんでいえば、次のようになる。

降臨して地上に降りたホノニニギは、コノハナノサクヤ姫と会って一目惚《ひとめぼ》れし、兄の海幸彦と弟の山幸彦が生まれる。兄弟は、たがいに道具を換えて猟をするが、さっぱり獲物がとれない。おまけに山幸のホホデミは針をなくしてしまう。海幸のホデリは怒ってしまい、「あの釣り針を返せ」という。仕方なく弟は海宮に行く。そこで大歓迎され、三年ほどを過ごす。やっと、鯛《たい》ののどにあった釣り針をもって帰り、兄に仕返しをして、服従させた。

するとトヨタマ姫は、浜辺にやってきて、ホホデミの子供を生む。ホホデミがトヨタマ姫の出産する場面を覗くと、女はワニだった。見られた女は、水平線の彼方に去ってしまう。子供は女の妹が育てた。その子は、ウガヤフキアエズと名づけられた。ウガヤフキアエズの子が神武天皇である。

要約すればこうなる。天孫が降臨してすぐに、初代天皇の建国の話になってもよさそうだが、降臨したホノニニギから、ホホデミ、ウガヤフキアエズと、三代の期間がある。三回目にうまくいくのは、国譲りの交渉とおなじだ。

天地初発にも、アメノミナカヌシに続いてムスヒ二神があらわれた。この神は「造化三神《ぞうかさんしん》」と呼ばれている。三という数字は聖数だった。降臨後の話も「日向三代」の物語といわれている。

話型で成り立つ

日向三代の物語はつけたしである。なぜなら、古事記の主要なテーマは、天孫降臨であらかた終わってしまっているから。乱暴にいえば、あとは神聖な数字に合わせて、三代の物語をでっちあげるだけである。

虚構の話を作ることの問題については、これまでにも触れてきた。しかし、日向三代ほど、虚構性が当てはまる箇所はない。他のところは、それなりに主題があった。アメノワカヒコなどでは、裏切りというテーマは動かしようがなかった。この大テーマを語るチャンスは、そうざらにあるものではない。

日向三代の物語の特徴は、登場する話型が多いことだ。全体に神話っぽいのは、そのためである。使われている話型をあげると、神の子を生む「神婚説話」、別世界に行く「異郷訪問型」、寿命の起源をいう「バナナ型」、異常な誕生を語る「火中出生説話」。

その他に、なくした釣り針を探しに行く「失われた釣り針」の説話、一晩で妊娠してしまう「一夜孕《はら》み型」、兄弟が争ってどちらかが勝つ「兄弟争い」の話、姉妹一緒に結婚する「姉妹婚型」、禁止を破る「禁室型」の話等々。

話型が多いのは、決まりきった話が多いからである。そんなにお決まりのパターンがあるようには見えないのは、それだけ、ストーリーが巧みだからだ。

それに、実際に話を作るうえで使われているのは、いくつかの要素を欠いた不完全な話である。絵に描いたようなきれいな話型は少ない。きれいな話型が変形したり、複合したりするのは神話のお手のもので、無文字の時代からそうだった。

話型で話を類別するようになったのは、せいぜい近代になってからで、世界中の話に類型らしいものがあるとされるようになったのも、ごく最近のことである。人類は圧倒的に長いあいだ、おそらく何万年も前から、類型的な話を楽しんできたのだ。

人々が意識したのは、どのようにしたら、人の飽きない愉快な話ができるかというくらいだった。古事記は、そういう時代の最後のあたりで成り立っている。文字の時代が、すでに始まろうとしている。声の文化は、古い時代の象徴だった。それは、追放される運命にあったのだ。

イザナキ・イザナミの神話には話型が多かった。スサノオとアマテラスの神話では、大型の話型が使われているが、二重の意味があった。アメノワカヒコやタケミナカタの話になると、モデルがあったり、虚構の表現である。天孫降臨の神話は、話型よりも合理思考が優先されている。古事記のストーリーは、進むにしたがって話型から遠ざかるように見える。その流れに乗れば、日向三代の神話は、いっそう非話型的な話になりそうだ。しかし、実際には逆で、かえって話型のオン・パレードになる。

話型の生態

ところが「話型」という語は、意外と定義しにくい。決まりきった話を指すが、それは、ごく常識的な言い方だ。とくに定義というほどのものでもない。紛らわしい言い方をすれば、決まりきったストーリーのことを話型という。

話型は、見方を変えれば、すぐに要素にもなってしまう。話としていくつかのパーツからなれば、とりあえず組織体を形成しているとみていい。たとえば、上巻のストーリー全体を一つの構造とみれば、イザナキ・イザナミ神話や天孫降臨神話などの個々の神話は、全体を構成する一要素になってしまう。ある話が、見方によって、構造だったり要素だったりする。実体的に、これは構造、あれは要素と固定できないわけである。

構造のことを関係ともいう。構造は、いくつかの要素から成り立っているが、要素はいつも流動している。そのうえ、一つの構造として取り出したとしても、要素がそろっていないことだってある。不完全なわけだ。あるいは、要素がバラバラになっている。その他に、いくつかの話型がくっついて一つのストーリーになっているものなど、絵に描いたような話型は少ない。

話型は変形したり、解体したり、融合したりする。

これは例外的なケースではなく、ごくありふれた現象で、むしろ不完全なほうがふつうである。話型とは、あくまでも理念的な構造にすぎないのだ。理念は、非現実なものである。現実にあるのは不完全で不十分な話のほうが多い。

ありのままの姿は、生態といわれる。生態は現実的、構造は非現実的という区別がある。だが、あまり厳密に決めておかないほうが使いやすい。生態的にみれば、構造は変形したり、解体したり、複合したりしている。

神の身体性

降臨したあと、「日本」神話は、初代天皇の誕生を語らなければならない。記紀のストーリーは、神話が終わってから人間の世界を舞台にするようになる。しかし、そのつながりは矛盾だ。

なぜなら、神は不死身なのに、人は死ぬからだ。

神の世界を人の時代につなげる。これが「日本」神話の大目的である。そうしなければ「万世一系」は完成しない。皇祖神とは、身体をもつ神である。理念だけで存在するわけではない。そこで、日向三代の物語には身体性のある神が登場することになる。とても人間臭い神なのである。

人間らしい神々は、はじめから記紀の得意とするところだ。イザナキ・イザナミだって人に似せて作られた。記紀神話の神は、基本的には人格神である。日向三代になって、急に神が人間臭くなったわけではない。

そもそも、記紀では早くから神が身体性を獲得していた。ムスヒ二神は、姿かたちも性別もなかったが、これは人格神でなかったからだ。アシカビ・トコタチも姿がなく、エネルギーそのものだった。

しかし、神名がイザナキとイザナミに向かうと、男女のペアになり、姿かたちをあらわす。イザナキ・イザナミは、すでに立派な人格神だ。甘えん坊のスサノオは母を慕い、姉を困らせる人間そっくりの神だった。

しかし、依然として死なない存在だった。イザナミは黄泉の国で生きている。神が身体性を獲得するということは、外見だけ人の姿になるわけではない。内側まで人間らしくならなければならない。死ぬ存在だということである。天孫降臨のあとに続くストーリーは、神が人間になっていくプロセスだ。いろいろな話型の組み合わせで作られる日向三代の物語は、神々が、身体性を獲得していくストーリーだったのである。

全体と要素

バナナ型といわれる南方系の神話がある。日向三代の話で使われる話型である。およそ、次のような内容だ。

天の神は人間たちに、ずっと石とバナナをプレゼントしてきた。石は不動不滅、バナナは甘美の代表だ。ところが、人間どもはある日、石をつっ返して甘いバナナだけ受け取った。それ以降、人間の命は、石のような不動さをなくし、バナナのようにすぐに腐ってだめになったという。

死の起源神話ともいわれる。この話型にもとづいているのが、コノハナノサクヤ姫の話である。コノハナノサクヤ姫は、カムアタツ姫ともいう。アタという土地の女性だ。サクラの花である。

ホノニニギが天降ってアタの地をぶらぶらしていると、コノハナノサクヤ姫と出会う。一目惚れしたホノニニギは、すぐに求婚する。彼女には、イワナガ姫という姉がいる。岩のように頑丈という意味だ。父親は、一緒に結婚するようにと、姉妹を差し出した。ところがホノニニギは、イワナガ姫が醜かったので返してしまう。恥をかかされた父親は、「命が岩のように、いつまでも続くように」と祈りをこめて贈ったのに、といい「天皇の寿命は、木の花のように、すぐ散ってしまうだろう」と呪《のろ》った。

桜は華やかだが、すぐ散ってしまう。日本人の美意識に大きな影響を与えた。代々の天皇も、イワナガ姫の父の呪いに縛られている。

天皇が死ぬ理由は、日向三代のなかのどこかで語っておかなければならない。うってつけの話型として、バナナ型が選ばれた。ただし、日本には肝心のバナナがないので、桜の花に変わった。

この変化は分かりやすい。風土に合わせて、物が変わる。イナバの素兎でも、南洋で爬虫《はちゅう》類のワニだった水棲の動物がサメに、鹿や猿が兎に変わった。

関係概念について

もともと、アタツ姫の話は別の話型で、アタの地の巫女が、天神と結婚して神の子を生むという聖婚型の説話だ。人間の寿命を語るバナナ型とは、異なる話型である。その二つが合体した結果、バナナ型の話が、結婚の話に変化したわけである。

アタツ姫の説話は、もともと結婚というモチーフをもっていた。ところが、バナナ型は、本来、婚姻の要素をもたない話だ。それが、二つの話の合体によって、もともとは物の話であるバナナ型が、男女の話である結婚譚になってしまった。

神話の移動ということ

ある昔話や神話とおなじような話が、世界中にある。ヨーロッパの話が、アフリカにもアラスカにもある。話には脚があって、地球上、人の行けるところは、どこにでも旅をする。昔から、そういわれている。

それはそれとして、話は伝わるのか、それとも似た話は、同時的に成立するのか。伝播か、同時発生か。これは、昔から悩ましい問題だった。「どっちだってある」といって逃げたいところである。コノハナノサクヤ姫の話などは、明らかに南方起源だ。素兎やヒルコの話なども、南方系といわれている。これらは伝播説で説明される。

禁室型でも、オルペウス型の話は、日本とギリシャにしかないとされている。だから、中央アジアを経由した伝播論のほうが説明しやすい。

一方で、禁じられたら破りたくなるのは、どの地域にでも共通する人間の心理。同時発生から説明しようとして、できないことはない。日向の物語には、海の神の娘が男に出産を見るなという話がある。見るなといわれると、イザナキのばあいとおなじで、ついつい見てしまう。このパターンなどは、同時発生説で説明しやすい

しかし、どちらにせよ、要素はさまざまに変わる。変わらないのは関係だ。部品はどうでもよく、取り合わせが問題だ。同時発生もありうる。だからといって、むげに伝播説の悪口をいうわけにもいかない。ただ、伝播説をいうときには、べらぼうに長い無文字の時代を考えに入れなければならない。人類学では一万年、十万年の単位になる。そうなれば、伝播説と同時発生説のちがいなど、たいして意味をもたない。

コノハナノサクヤ姫の話では、最低、はかなく美しいものと、永遠で醜いもののように、反対の関係にあるものであれば、要素は何でもいいのだ。伝播するのは、関係だけである。同時発生するのも、関係だけということになる。要素は、地域ごとの事情でさまざまに変わるが、しかし、関係は変わらない。

異郷訪問型を使って

日向三代の神話のうち、ふつう、海幸山幸神話とされているところは、すっぽり、異郷訪問型で成り立っている。あとは小さな要素がくっついているだけである。要素は、話型にもなった。話型どうしの複合で生じるゆがみを、ストーリーにうまく利用している話もある。海幸山幸の話で、大筋を作っているのは、異郷訪問型と失われた釣り針型、そして兄弟争いの説話である。

失われた釣り針型の話は、山幸が、海幸から借りた釣り針をなくしてしまい、潮流をつかさどる神の導きで、海神《わたつみ》の宮に行くという話である。

兄弟争いは、海幸と山幸が争って、弟が兄をやっつける話。

ところが、海幸は隼人の祖先、山幸は大和朝廷の祖神という位置づけがある。そのため、山幸は海幸に負けるわけにはいかない。この争いははじめから勝負がついている。それを、覆い隠すのが、兄弟争いの話型だ。だから、この話型はあまり露骨に使われていない。

海神の娘から歓待されて三年楽しみ、海神から呪言をさずかって、帰還後に、兄に仕返しをする。これは、異郷訪問型の要素と混じっている。弟が異郷で手に入れた呪言や呪物で兄をやっつける話は、異郷訪問型からきている。異郷は、超自然なものを手に入れる場所でもあった。

それぞれの話型が巧みに使われており、一筋の流れとして滑らかだ。まず、表面的なストーリーを読み取っておくと、隼人の祖先である海幸と天孫の山幸は、おなじ血を分けた兄弟。しかし、天孫は隼人を服属させていなければならない。失われた釣り針型と兄弟争い説話の組み合わせは、この要求に、うまく合っている。

コノハナノサクヤ姫の話から、海幸山幸が争う話への展開もよくできている。山幸は、物語のなかでかならず海幸をやっつけ、平伏させなければならない。なくした釣り針を、異郷である海神の宮に探しに行くというストーリーも巧みだ。次に掲げる法則にもぴったり合っている。

異郷訪問説話の法則

異郷訪問説話のプロットには、次のような傾向がみられる。あまり例外がなく、異郷訪問型をとる説話のだいたいに当てはまる。

①偶然に、異郷に行く。
②異郷で、異常な体験をする。
③自分の意志で、異郷から戻る。

④変身する。

古事記には、代表的な異郷訪問説話として「黄泉の国」「根の堅州国」「海神の宮」があり、また、変則的な天の岩屋戸神話があって、合わせて四つ、異郷訪問型のパターンで成り立つ神話がある。どれも、右の①〜④のプロット展開をとる。話のテーマは変身である。主人公は成長し、変化する。この話型を通して、ホホデミは兄を滅ぼして大和朝廷の始祖に変身するのだ。

そのほか、結婚したり、呪力を入手したりと、すべて異郷訪問型が作るストーリーだ。海幸山幸の話は、話型の生み出す範囲で、うまく、降臨以降のストーリーを細部で作り上げている。

オオナムチが行く根の堅州国も、王に変身するために通過しなければならない場所であった。妻を手に入れ、呪具を入手するのは、根の堅州も異郷だからである。しかし、海神の宮は、天つ神のホホデミが訪れるところだ。国つ神の王であるオオナムチが訪れる異郷とは、おなじではない。海神の宮のばあい、潮流に乗っていくのは水平的だが、海のなかから帰還するのは、やや垂直的な感じを抱かせる。

海神の宮の位置があいまいな理由は、海上彼方を理想視する他界観が、まだ肯定的に生きているからである。根の堅州国のように、スサノオが追放されてたどり着くような世界には扱われていない。海神の宮は、天つ神のホホデミが行くところだ。ネガティブに描くこともできない。

一方、根の堅州国は、古い王権を支えている。スサノオにとっての理想的な世界は、否定の対象なのである。スサノオには、追放というネガティブなモチーフがついてまわる。海神の宮はそうなっていない。おなじ異郷訪問型を使いながら、そこのところを巧みに書き分けているのだ。

浦島型との関係

異郷訪問説話といえば、浦島太郎《うらしまたろう》の話が思い浮かぶ。古代から、この話はあった。奈良時代に始まり、平安時代、鎌倉・室町、近世、近・現代と、各時代にわたってリニューアルされてきた。

海幸山幸の神話は、浦島太郎の話とよく似ている。記紀の山幸彦を浦島にすれば、そのまま浦島太郎の話になってしまう。印象だけではない。岩波文庫の『日本の昔ばなし』集三冊のうちの「浦島」は、海幸山幸の話と浦島太郎の複合だ。一見すると、記紀の海幸山幸神話を思い起こす。浦島なのに、兄弟争いの話になっているのだ。

この話は、鹿児島県地方から採集されたらしい。記紀の話が民間に流れ、口で語り伝えられたわけだ。口承といっても、文字の影響を受けた話もある。浦島太郎と海幸山幸はよく似た話なので、混同されたのだろう。

ただし、海幸山幸には、時間を失うという肝心のモチーフが見られない。かわりにあるのは、兄弟が争って、弟のほうが勝つモチーフだ。古事記では、山幸が海幸を屈服させる話になっている。これは不可欠のモチーフである。なぜなら、隼人は大和側に屈服しているから。この現実に、物語も合わせなければならない。

時間差のある浦島型の民間説話が、記紀のように時間差のない話になったのは、隼人服属と結びついたためである。ただし、モチーフは兄弟争いの話型が担っている。

浦島太郎の話の特徴をあげてみる。

まず、各時代で読者層がちがうこと。これはすぐ分かる。読者は、今は小学校入学前の子供たちだが、明治大正は圧倒的に小学生である。尋常小学校の教科書に載っていたからだ。しかし、近世には、豪華な嫁入り本が作られたことからも分かるように、もっぱら若い女性の読みものだった。『お伽草子《とぎぞうし》』に採られて、江戸の商家の子女に広く愛読された。

平安・鎌倉にさかのぼると、浦島の話は立派な漢文で書かれている。学問がなければ、とても読めない。だから読者は知識人である。奈良時代もおなじだ。この話を最初に書きとったといわれる伊予部馬養《いよべのうまかい》は、当時最高の学者だった。ノーベル賞級である。律令の制定にも、抜擢されている。この話を歌に詠み込んだ高橋虫麻呂《たかはしのむしまろ》も、学問のある下級役人だった。

さて、「それ以前は?」

これは分からない。書かれたものが残っていないからである。つまり、無文字の口承伝承の時代にさかのぼる。口承伝承となれば、話型の問題になる。

口承の浦島太郎

そこで、口承における浦島型の話になる。気になるのは、玉手箱が出てこないことである。玉手箱は化粧道具を入れる箱で、今でいえば女性のハンドバッグのようなものだ。口承の浦島には、この要素がない。

たとえば、たまたま別世界に迷い込んだ主人公が、もとの世界に戻ってみると、時間が百年ほども経っていたという。玉手箱を開かないのに、ちゃんと時間のずれが生じている。玉手箱のない浦島の話は、中国や台湾にも広がっているらしい。ちょっと変だが、口承の浦島説話は玉手箱を欠くのである。

乙姫《おとひめ》は開けるなといって、浦島太郎に玉手箱を渡す。これも変だ。玉手箱は、開けなければ使い道がない。乙姫のことばは矛盾している。

浦島は、三百年後の世界に戻って、友だちもおらず、寂しくなって玉手箱を開ける。なかから何か白い煙が出てきて……というお馴染みのストーリーは、実は飾りの部分だったのだ。わたしたちは、おバカさんな太郎が箱を開いたので、竜宮に戻れなくなったとばかり思っていた。しかし、それは勘違いなのである。

玉手箱を開けようが開けまいが、時間のギャップは生じるし、乙姫と太郎は、別れるに決まっていた。理由は語られない。かならずそうなるのだ。それが、神話や昔話の語り口だった。

イザナキ・イザナミ神話でも、最初の子供は、なぜか生み損じてしまう。理由を気にすると、「なぜ?」という疑問符がつく。女が先に声をかけたから生みそこなったのだというのは、この「なぜ?」に答えた部分だ。もともとの口承文芸にはなかった。

それとおなじことだ。「なぜ、浦島は、時間をなくすのか?」「なぜ、太郎は、ふたたび乙姫に会えないのか?」。これらの「なぜ?」は、神話には不向きだ。ストーリーに、疑いをもってはいけないのである。

口承の浦島説話には、いろいろ疑問が出てくる。それに答えるために使われたのが、玉手箱だった。開けて使わなければ意味のない小道具を、開けるなと言って渡すのは、確かにおかしい。無意味なストーリーだ。

口承的にいえば、この部分は、禁室型の話型である。タブーが与えられると、かならず破られる。破られた後で男女は決別する。浦島太郎の話も、そうなっている。

浦島太郎の話から玉手箱の要素を除けば、きれいな異郷訪問型になる。異郷訪問説話は、主人公が異常な世界に行く話だった。異常とは、現実の秩序がひっくり返っていれば何でもいい。民間伝承の浦島型は、無時間という異常な世界に迷い込む話だった。型通りの話だったわけである。玉手箱は、筋を合理化し、異常を異常でなくしてしまう要素だ。つまり、反神話的要素なのである。

ところで、玉手箱の発明者はだれか。

伊予部馬養があやしい。この人物は、民間に伝わっていた時間差のある異郷訪問説話に関心をもった。そして、ストーリーに疑いをはさみ、玉手箱という小道具を発明して、分かりやすいストーリーを提供した。

それは、当時はやった神仙小説だった。玉手箱を開けたために、浦島太郎がふたたび行けなくなった世界は、仙女が住む非日常的なところだった。玉手箱のある浦島の話が、現代にいたるまでロングセラーになるとは、当人もびっくりだろう。

浦島説話の最初の読者

脇道《わきみち》をもう少し進もう。

先に、浦島説話の最初の読者はだれか、という疑問を出した。時代をさかのぼるにつれて、幼児→小学生→女子→知識人と変わっている。さて、その前はどうか。もちろん、読者ということを文字通りに考えれば、奈良時代の知識人ということになる。浦島伝説は、伊予部馬養によってはじめて文字化された。それを読んだのは、字の分かる知識人のはずだ。

しかし、文字以前の口承伝承でこの話を享受したものとなると、別に考えなければならなくなる。

口承文芸の最初の受容者は、おそらく、氏族の首長だろう。馬養は、丹波《たんば》国の国司《こくし》をしていた。そのときに、日下部《くさかべ》氏の祖先の「筒川《つつかわ》の島子《しまこ》」という人物が、「浦島」だと聞いた。口承の浦島は、日下部氏の祖先伝承だったにちがいない。日下部氏の祖先のだれかが、魚釣りに出かけて、三百年後あたりに戻ってくる。そんな話だ。

役目がら、氏族の上層部に通じていた馬養は、その伝承を聞いて、官人に喜ばれそうな話に作り直したのではないだろうか。

五百八十という数字

なぜ、浦島説話の最初の享受者を気にするかといえば、海幸山幸の話は、氏族の族長が享受した浦島説話を彷彿《ほうふつ》とさせるからだ。玉手箱は、まだ発明されていない。日下部氏の祖先が行ったという異郷は、きっと、記紀の描く海神の宮のようなところだったのではないだろうか。

記紀では弟のホホデミが大和側で、兄のホデリが隼人の祖になっている。弟が兄を屈服させて、事態は収まる。隼人が大和側に服属している由来が、異郷訪問型と複合した兄弟争い型で語られる。しかし、もともとこの話は隼人側に属していた。弟が兄を屈服させるストーリーは、隼人の神話を大和側が奪い取ったことを意味している。

海幸彦のもともとの話には、兄弟争いの部分がなかったはずだ。これはちょっと考えれば分かることである。屈服する要素は、隼人の祖先神話には不要だからだ。そこで、この型を取りはずし、かわりに、時間を失うストーリーを入れてみる。

山幸は三年も歓待されて、非日常的な体験をする。この「三年」が、もとの世界で数百年に当たるという話になれば、ストーリーに時間差のことが、はっきりとあらわれ、浦島型の話になる。

時間差は表面化しないだけで、ストーリーの底には、そのモチーフが含まれている。古事記のストーリーは、ホホデミが体験した「三年」が、現実には数百年も経っていることを示唆している。次の一節がそれである。

故《かれ》、日子穂穂手見命は、高千穂の宮に五百八十歳《いおちまりやそとせ》坐《まし》き。御陵《みはか》はすなはちその高千穂の山の西にあり。

ごくありふれた記事だ。中・下巻では、年齢と墓陵《ぼりょう》のことが記されている。歴代天皇の代ごとに記載されており、書式のようなもの。山幸のホホデミは、天皇とおなじように見られていたわけだ。

五百八十年間、天下を治めたのだから、年齢は六百歳くらい。神武が百三十七歳、いちばん長生きした崇神《すじん》天皇で百六十八歳だから、ホホデミは、ずいぶんと長生きしたことになる。しかし、制作者はホホデミの長寿をいうために、この数字を示したのではない。逆である。短命をいうために、五百八十という数字を示したのだ。

五百八十は、短命の象徴だ。なぜなら、神は永遠だからだ。永遠からすれば、たとえ千年でも一瞬にすぎない。

歴代天皇が短命な理由は、バナナ型で話した。ホホデミは、さっそくイワナガ姫の父親の呪いを引き受けている。だから、あっという間に死んでいくのだ。それが、五百八十年間、天下を統治したという意味である。

ホホデミが異郷から戻り、時間をなくして、かりに六百歳に老けこんだとしても、神の年齢からすれば、瞬間だ。そろそろ神の世界が終わろうとしている。日向三代は、神が永遠の命を謳歌《おうか》した時代ではない。日向は、人間の限られた時間が動きはじめる世界なのである。海幸山幸の話には、異郷訪問型や兄弟争いの話型が使われている。しかし、時間差のモチーフは表面にはあらわれない。かわりに王権の形成を語る話になった。神話のストーリーは、時間を失う有限の世界を隠そうとする。山幸の能力を強めることで、ストーリー的にまず、有限な王が継続するシステムを作っておこうとしたのだ。

最後の疑問

山幸が異郷から戻ると、海神の娘トヨタマ姫が、ホホデミの子を生むために浜にやってくる。ここでも話型が使われている。ホホデミは、出産の場面を見るなといわれたのに、覗き見してしまう。禁室型の話型である。トヨタマ姫は、ワニになって子供を生んでいた。ホホデミは、びっくり仰天して逃げ出す。

あとは、夫婦別れに話が進んでいくだけだ。トヨタマ姫は、子供の養育のために妹を差し出して去った。ただ、山幸の子の「ウガヤフキアエズ」という命名は、すこぶる説話的である。ストーリーの非現実性が、だれにでも分かるようになっている。

ウガヤフキアエズが叔母と結婚して生まれたのが、初代天皇。名前をワカミケヌという。「ミ」は御、「ケ」は穀霊で、穀物の神さまの四男坊。神武の幼名だ。長男はイツセ、次男はイナヒ、三男はミケヌといい、叔母の名はタマヨリ姫。姉のトヨタマ姫も妹のタマヨリ姫も、どちらも巫女の名である。天上の神を、地上の巫女が祭って、神の子を生むという幻想で成り立つ。

ミケヌは「常世の国」に、イナヒは「海原」に向かう。海原は「妣《はは》の国」とされている。

最後の疑問点を二つあげよう。

①山幸がトヨタマ姫と別れるのは、何を意味するか？
②兄たちが常世の国や海原に行くのは、なぜか？

二人の別れ

はじめの疑問は、イザナキとイザナミの話にもかかわっている。二人は、単なる夫婦ではなかった。イザナキは生者世界、イザナミは死者世界の代表者。だから、二人の別れは、生者世界と死者世界の分離でもあったわけだ。

しかし、おなじことを、ホホデミに当てはめようとしても無理だ。ホホデミは「天津日高《あまつひこ》の御子、虚空津日高《そらつひこ》」と紹介されている。「天津日高」は、天つ神。それと区別するために、ホホデミは、わざわざ「虚空津日高」と呼ばれている。「天」ではなく「空」だ。天つ神より一段低く、それだけ、人間の世界に一歩近づいている。

さて、トヨタマ姫はワニだった。トヨタマ姫が出産する話は、禁室型で語られている。しかし、禁室型は、ここでは、世界の分離をいうために使われているのではない。世界は、とっくに分割されている。禁室型の話型は、ホホデミに、トヨタマ姫の本当の姿を見せるために機能している。これは、話型とは無関係に作られたストーリーだ。トヨタマ姫はワニだったことが、この場面で分かるのだ。

ホホデミが人間化する一方で、トヨタマ姫はワニ化している。ホホデミは人間を代表するようになり、トヨタマ姫は人間でないもの、すなわち、異類を代表するようになる。だから、二人の別れは人間と異類の別れである。トヨタマ姫が、海坂《うなさか》を超えて去っていくのは、異類が異類の住む世界に戻っていく姿を示している。

トヨタマ姫が海坂の向こうに行ったのは、彼女が異類だったからだ。異類と人間が同居するファンタジックな世界は終わった。ホホデミとトヨタマ姫の別れは、神話世界の終わりを意味する。海坂は、両者をへだてる境目だった。神話の世界は、トヨタマ姫と一緒に海坂を超えて、現実の世界から消えていく。

ホホデミは、幻想のなかでしか逢《あ》えなくなった異類の妻を懐かしむ存在だ。それは、もうれっきとした人類の姿である。ホホデミがトヨタマ姫と交わした贈答歌は、王者である前に、人間であることの悲哀が漂う抒情詩である。

失われた世界への眼差し

もう一つの問題に移る。兄弟のミケヌとイナヒについてだ。

兄弟の関係は、対立し合うばあいと、おなじような性格を分けもつばあいがある。ワカミケヌの兄たちはどうなのだろうか。常世と海原は、位置が接近している。単純に考えると、関係も近いとみていいだろう。ミケヌとイナヒの性格は、ワカミケヌにも通じている。ミケヌが行った常世の国は、スクナヒコナが去ったところだ。そこに、ミケヌが向かうとすれば、ワカミケヌのなかにも、常世を志向する精神があるといえる。初代天皇は潜在的に常世の国を志向している。

イナヒの目指した「海原」は「妣の国」とされている。スサノオは「海原」の統治を命ぜられたが、拒否した。そして「根の堅州国」を望んだ。ところが、そこも「妣の国」とされている。「妣の国」が水平的な「海原」から、垂直的な「根の堅州国」に変わっているのだ。スサノオが「海原」を拒否したことで、神話のストーリーは全面的に動き出した。

イナヒが、「妣の国」である「海原」を志向するのは、ストーリーが巻き戻ったように思われる。しかしイナヒは「海原」に行くのだから、スサノオとは別のストーリーになる。ストーリーの分かれ目は「海原」だ。スサノオは拒み、ワカミケヌは受け入れる。

ところで、拒んだり受け入れるのは、神の心理によるのではなかった。神のあり方で決まるのだ。スサノオが拒むのは、この神が「海原」を受け入れるようにできていないからだ。スサノオは、地下の隅っこにある「根の堅州国」に合っている。

しかし、「根の堅州国」に代表される垂直的な世界は、もともとは水平的だった。それが、アマテラスを最高神とする価値観に合わせて、垂直的な枠組みのなかに、むりやりに押し込めたのだ。そうすることで、かろうじて垂直的な構造ができた。

スサノオが垂直的なものを目指すのも、そうしたシステムにあやつられているからである。この神は、本当は、水平的な世界のほうが合うのだ。それが、ゆがんでしまった。そして、神々のゆがみでできあがっているのが、古事記のストーリーである。

ミケヌとイナヒの兄弟は、「常世の国」や「海原」に去る。去っていくことが、彼らのストーリーだ。この消え方は、スサノオとちがって、追放とか平伏ではない。

二人の兄が分離することで、ようやくワカミケヌの有限のときがやってくる。兄たちは、神話の時代を象徴していた。彼らが去っていくことは、永遠のときの終わりを意味する。

イナヒとミケヌは、ワカミケヌから分離する永遠の時間を、去っていくというストーリーにこめて暗示した。こうして、初代天皇の有限な世界がひらかれるのである。

おわりに

日本神話は両生類？

「日本」神話を読むのが、本書のねらいだった。あらためていうと、「日本」は日本民族の日本ではなく、日本国家の「日本」だ。古事記の神話は、あくまでもその意味で「日本」神話なのである。この視点に立つのは、さほど難しくないようにもみえるし、また反対に、困難でもあるようだ。

古事記は、どこそこの神社に似ている。「あの神社は古いのか？　新しいのか？」。答えはこうだ。古くもあり、新しくもある、と。どちらでもいいのである。こういうと、いい加減に聞こえる。「じゃあ、どう読んでもいいんだ」、と。

誤解されるといけないから、厳密にいっておこう。どちらも、同時に成り立たなければならないのだ。「良いことと悪いことが、同時に成り立つ？」。わけが分からなくなってくる。でも、古事記のストーリーはそのようにできあがっているのだ。大蛇退治の話は、オロチを退治する話でありながら、同時に、オロチを祭る話でもあった。

二つの対立するものごとが同時に成り立つものに、両生類という生物がいる。動物を陸と水に分けたとき、どちらにも棲むものをいう。カエルやサンショウウオなどが代表であり、よくみると奇態な格好をしている。「日本」神話も奇態である。まるで両生類だ。

両義性で読む

両生類のように、二つのことが同時に成り立つことを、昔から両義性といってきた。多義性ということばもある。

両義的なものは、わたしたちの身の回りにいくらでもある。物差しで人を叩《たた》けば、物差しはれっきとした鞭《むち》である。手拭《てぬぐ》いを頭にかぶれば帽子になるし、ペンで人を責めれば、武器になる。一義的なものはかえって少ない。

わたしたちがものを説明するときには、おうおう、一義的な方法をとる。両生類も、あるときは陸棲、あるときは水棲の、ご都合主義的な動物になる。確かに説明はその通りだ。しかし、陸棲と水棲を同時に見たらどうなるか。軽いパニックになるにちがいない。なぜなら、両生という考え方は、動物を、陸棲と水棲に分けることで成り立っているから。両方が同時に成り立つという前提はない。だから、あせってパニック状態になるのだ。陸棲と水棲を同時に見るには、どうすればいいか。

難しく考えることはない。ただ、目の前の現実をありのままに観察すればよいのだ。水棲的格好、陸棲的な姿などと議論をし出すと、話が難しくなる。現に目の前にあるかたちが、水陸両用にできているのだ。あとはただ、それを見ればいい。

大蛇退治の話も、「これは大蛇を退治する話じゃないんだ」といい聞かせると、ようやく、まるでだまし絵の図と地がひっくり返ったように見えてくる。何か大変なことでも起こったようだが、しかし、ありのままに目に飛び込んできただけだ。はじめから、そのようにできあがっていたのである。現実的なものは、生態において発見される。

神話を書きかえる

「日本」神話の特徴は、ひと言でいえば、書きかえられた神話だということである。どのように書き改められたか。これが、問題の焦点になる。ひっくり返していえば、書きかえられた結果よりも書きかえる方法や過程が重要だということ。

さいわい、古事記の神話は、それらの痕跡《こんせき》をとどめている。というより、古事記の物語は、変形のプロセスそのものをあらわしているのだ。ここからあそこへという区間を示したのではなく、区間への移動そのものを示したのである。動的視点が要求されるのは、そのためだ。

よく、視点を据えるというが、動的視点ならば、どこに据えればいいか。要は、あまり複雑にセッティングしないこと。ストーリー上に据えればいいだけのことである。そこしかセットする場所はない。あとは写しとっていくだけだ。ストーリーを読んでいくだけである。動的視点で迫れば、内部のメカニズムが手に取るように分かる。ストーリーを生み出す仕組みが見えるようになるのである。

本書は、旧来の見方からすれば、思いきった虚構説を提唱しているようにみえる。わたしたちのよく知っている黄泉の国神話だとか大蛇退治の話はもちろん、イザナキ・イザナミ神話、アメノワカヒコ神話、オオナムチやタケミナカタの神話、日向三代の話などは、みな、机上の創作ということになる。これらは伝承的な来歴がないとたびたびいわれてきた。本書もそれを支持する。

虚構の話にならざるをえないのは、それが、古事記の方法だからである。わたしは本書でそれを証明しようとした。ところが、おおかたは古事記のなかにちゃんと存在する。ただ、表側から見えないだけだ。

裏側へのルートは、ストーリーをありのままにたどることによって、結構たやすくつかめる。何か、専門的な修練や技術が必要なわけではない。視点を、少しずらしさえすればいいだけである。そうすると、風景もちがって見える。

あとがき

「古事記の神話は国家神話である。風土記や万葉集とは、次元がちがう」

こんな話を聞かされながら、記紀の勉強をしてきた。かれこれ数十年になる。師匠や先輩のなかには、もう鬼籍に入られた方もいらっしゃる。

記紀の神話が「国家」神話であることは常識だ。あえていうこともない。しかし、その「国」が「日本」であることはだれも教えてくれなかった。自分でいうのも変だが、これは、実にふしぎなことである。記紀の神話は「日本」のために、書きかえられた神話である。わたしがそれに気づいたのは、過去の仕事を一冊にまとめた後だった。

日本という国号のことを論じたのは、二十年以上も前のこと。スサノオのことについて、本書で述べたようなことをいってから数えると、それ以上の年月が経っている。その「国家」が「日本」だったとは……。

この馬鹿馬鹿しい事態に、一つだけ言い訳しておくと、これまで自分の発想していたのが帰納法《きのうほう》だったことである。事実をコツコツ積み上げて、ようやく全体が見える。そして見たのである。自分が追い求めてきたものは、これだったのか、と。やっと気がついたわけだ。

本書を書く機会が与えられて、まず考えたのは「今度は、演繹法《えんえきほう》でやってみよう」ということだ。単純にいえば、ゴール付近から逆算すればいい。風景をすべて逆に見ようというわけだ。ただし、単なる逆算ではおもしろくない。そこで、海幸山幸あたりを空白にしておいた。これが新しく書けなければ、意味がない。

あとは、おおかた逆算である。結論も、ふだんの印象とあまり変わらない。「隅から隅まで、よ～く作られているなぁ……」。これが感想だ。中下巻を読んでも変わらないだろう。それどころか、印象はもっと強まるのではないだろうか。

本書で心掛けたのは、一般の読者に顔を向けることである。とくに説明が込み入ったとき、顔がどっちを向いているかを自問した。みなさんに少しでも多く、頁をくってもらうのが願いである。

いつも身の回りの諸事全般について、厄介になっている妻に感謝し、ご迷惑をおかけしているゼミ生、大学院生にはお礼をいう。どうもありがとう。専門的なことがらのチェックや校正は、いつものように西緑さんにお願いした。深謝します。

参考文献

『日本神話の研究』全四巻、松村武雄、一九五四〜五八、培風館
『建国神話の諸問題』三品彰英論文集、第二巻、三品彰英、一九七一、平凡社
『日本神話の起源』大林太良、一九六一、角川新書
『ギリシァ神話と日本神話』吉田敦彦、一九七四、みすず書房
『記紀神話論考』守屋俊彦、一九七三、雄山閣
『古事記の世界』西郷信綱、一九六七、岩波新書
『日本神話』上田正昭、一九七〇、岩波新書
『日本の神々』松前健、一九七四、中公新書
『古代王権の祭祀と神話』岡田精司、一九七〇、塙書房
『神々の体系』上山春平、一九七二、中公新書
『神話から歴史へ』日本の歴史、第一巻、井上光貞、一九六五、中央公論社
『金枝篇』J・フレイザー（永橋卓介訳）、一九六六〜六七、岩波文庫
『民間説話』S・トンプソン（荒木博之他訳）、一九七七、社会思想社
『構造人類学』レヴィ＝ストロース（荒川幾男他訳）、一九七二、みすず書房
『一般言語学』F・ド・ソシュール（小林英夫訳）、一九二八（『言語学原論』所収）、岡書院
『声の文化と文字の文化』W・J・オング（桜井直文他訳）、一九九一、藤原書店

西條 勉（さいじょう・つとむ）

1950年，北海道生まれ，85年，早稲田大学大学院博士課程単位取得退学．国士館大学文学部教員等を経て専修大学教授．2011年3月退職．上代文学会賞（1995）．専攻・日本古代文学，神話学．博士（文学）．2015年3月逝去．

著書『アジアのなかの和歌の誕生』（笠間書院，2009）
『千と千尋の神話学』（新典社新書，2009）
『柿本人麻呂の詩学』（翰林書房，2009）
『古事記と王家の系譜学』（笠間書院，2005）
『古代の読み方』（笠間書院，2003）
『古事記の文字法』（笠間書院，1998）
ほか

『古事記《こじき》』神話《しんわ》の謎《なぞ》を解《と》く
中公新書 2095

2011年2月25日初版
2017年3月5日7版

著 者 西 條 勉
発行者 大 橋 善 光

本文印刷 三晃印刷
カバー印刷 大熊整美堂
製 本 小泉製本

発行所 中央公論新社
〒100-8152
東京都千代田区大手町 1-7-1
電話 販売 03-5299-1730
編集 03-5299-1830
URL http://www.chuko.co.jp/

Published by CHUOKORON-SHINSHA, INC.
Printed in Japan ISBN978-4-12-102095-6 C1221

中公新書刊行のことば

いまからちょうど五世紀まえ、グーテンベルクが近代印刷術を発明したとき、書物の大量生産は潜在的可能性を獲得し、いまからちょうど一世紀まえ、世界のおもな文明国で義務教育制度が採用されたとき、書物の大量需要の潜在性が形成された。この二つの潜在性がはげしく現実化したのが現代である。

いまや、書物によって視野を拡大し、変りゆく世界に豊かに対応しようとする強い要求を私たちは抑えることができない。この要求にこたえる義務を、今日の書物は背負っている。だが、その義務は、たんに専門的知識の通俗化をはかることによって果たされるものでもなく、通俗的好奇心にうったえて、いたずらに発行部数の巨大さを誇ることによって果たされるものでもない。現代を真摯に生きようとする読者に、真に知るに価いする知識だけを選びだして提供すること、これが中公新書の最大の目標である。

私たちは、知識として錯覚しているものによってしばしば動かされ、裏切られる。私たちは、作為によってあたえられた知識のうえに生きることがあまりに多く、ゆるぎない事実を通して思索することがあまりにすくない。中公新書が、その一貫した特色として自らに課すものは、この事実のみの持つ無条件の説得力を発揮させることである。現代にあらたな意味を投げかけるべく待機している過去の歴史的事実もまた、中公新書によって数多く発掘されるであろう。

中公新書は、現代を自らの眼で見つめようとする、逞しい知的な読者の活力となることを欲している。

一九六二年一一月

中公新書

日本史

2189 歴史の愉しみ方 磯田道史
2295 天災から日本史を読みなおす 磯田道史
2389 通貨の日本史 高木久史
2321 道路の日本史 武部健一
2299 日本史の森をゆく 東京大学史料編纂所編
1617 歴代天皇総覧 笠原英彦
2302 日本人にとって聖なるものとは何か 上野　誠
1928 物語　京都の歴史 脇田　修・脇田晴子
2345 京都の神社と祭り 本多健一
482 倭　国 岡田英弘
147 騎馬民族国家（改版） 江上波夫
2164 魏志倭人伝の謎を解く 渡邉義浩
1085 古代朝鮮と倭族 鳥越憲三郎
1878 古事記の起源 工藤　隆
2157 古事記誕生 工藤　隆

2211 古事記の宇宙《コスモス》—神と自然 千田　稔
2095 『古事記』神話の謎を解く 西條　勉
2230 言霊とは何か 佐佐木隆
804 蝦　夷（えみし） 高橋　崇
1041 蝦夷《えみし》の末裔 高橋　崇
1622 奥州藤原氏 高橋　崇
1293 壬申の乱 遠山美都男
1568 天皇誕生 遠山美都男
1779 伊勢神宮—東アジアのアマテラス 千田　稔
1607 飛鳥—水の王朝 千田　稔
2371 カラー版 古代飛鳥を歩く 千田　稔
2168 飛鳥の木簡—古代史の新たな解明 市　大樹
2353 蘇我氏—古代豪族の興亡 倉本一宏
291 神々の体系 上山春平
2362 六国史《りっこくし》—日本書紀に始まる古代の「正史」 遠藤慶太
1502 日本書紀の謎を解く 森　博達
1802 古代出雲への旅 関　和彦

1967 正倉院 杉本一樹
2054 正倉院文書の世界 丸山裕美子
1003 平安朝の母と子 服藤早苗
1240 平安朝の女と男 服藤早苗
1867 院　政 美川　圭
2281 怨霊とは何か 山田雄司
608 613 中世の風景（上下） 阿部謹也・網野善彦・石井　進・樺山紘一
1503 古文書返却の旅 網野善彦
1392 中世都市鎌倉を歩く 松尾剛次
2127 河内源氏 元木泰雄
2336 源頼政と木曽義仲 永井　晋

中公新書

哲学・思想

1 日本の名著（改版） 桑原武夫編
2113 近代哲学の名著 熊野純彦編
1999 現代哲学の名著 熊野純彦編
2187 物語 哲学の歴史 伊藤邦武
2378 保守主義とは何か 宇野重規
2288 フランクフルト学派 細見和之
2300 フランス現代思想史 岡本裕一朗
2036 日本哲学小史 熊野純彦編著
832 外国人による日本論の名著 佐伯彰一・芳賀徹編
1696 日本文化論の系譜 大久保喬樹
2243 武士道の名著 山本博文
312 徳川思想小史 源了圓
2097 江戸の思想史 田尻祐一郎
2276 本居宣長 田中康二
1989 諸子百家 湯浅邦弘

2153 論語 湯浅邦弘
36 荘子 福永光司
1695 韓非子 冨谷至
1120 中国思想を考える 金谷治
2042 菜根譚 湯浅邦弘
2220 言語学の教室 西村義樹・野矢茂樹
1862 入門！論理学 野矢茂樹
448 詭弁論理学 野崎昭弘
593 逆説論理学 野崎昭弘
2087 フランス的思考 石井洋二郎
1939 ニーチェ ツァラトゥストラの謎 村井則夫
2257 ハンナ・アーレント 矢野久美子
2339 ロラン・バルト 石川美子
674 時間と自己 木村敏
1829 空間の謎・時間の謎 内井惣七
814 科学的方法とは何か 浅田彰・黒田末寿・佐和隆光・長野敬・山口昌哉
1986 科学の世界と心の哲学 小林道夫

1333 生命知としての場の論理 清水博
2176 動物に魂はあるのか 金森修
2166 精神分析の名著 立木康介編著
2203 集合知とは何か 西垣通
2222 忘れられた哲学者 清水真木

言語・文学・エッセイ

j 1

433 日本語の個性　外山滋比古
533 日本の方言地図　徳川宗賢編
500 漢字百話　白川　静
2213 漢字再入門　阿辻哲次
1755 部首のはなし　阿辻哲次
2341 常用漢字の歴史　今野真二
2254 かなづかいの歴史　今野真二
2363 外国語を学ぶための言語学の考え方　黒田龍之助
1880 近くて遠い中国語　阿辻哲次
742 ハングルの世界　金　両基
1833 ラテン語の世界　小林　標
1971 英語の歴史　寺澤　盾
2407 英単語の世界　寺澤　盾
1533 英語達人列伝　斎藤兆史
1701 英語達人塾　斎藤兆史

2086 英語の質問箱　里中哲彦
2165 英文法の魅力　里中哲彦
2231 英文法の楽園　里中哲彦
1448 「超」フランス語入門　西永良成
352 日本の名作　小田切進
212 日本文学史　奥野健男
2285 日本ミステリー小説史　堀　啓子
2193 日本恋愛思想史　小谷野敦
563 幼い子の文学　瀬田貞二
2156 源氏物語の結婚　工藤重矩
1787 平家物語　板坂耀子
1233 夏目漱石を江戸から読む　小谷野敦
1798 ギリシア神話　西村賀子
1254 ケルト神話と中世騎士物語　田中仁彦
2382 シェイクスピア　河合祥一郎
2242 オスカー・ワイルド　宮崎かすみ
275 マザー・グースの唄　平野敬一

2404 ラテンアメリカ文学入門　寺尾隆吉
1790 批評理論入門　廣野由美子
2251 〈辞書屋〉列伝　田澤　耕
2226 悪の引用句辞典　鹿島　茂